僕らは必死の命のリレーの先端に生きている。

潮凪洋介

まえがき

あなたは今、命のリレーの先端で「バトン」を握っている

突然ですが、あなたに今ここで伝えたいことがあります。それは、**「命を嫌々、ウダウダ使うのは、もうやめにしませんか？」**ということです。なぜ突然、私がそんなことを切りだすのか？　それは、あなたの命は親や先祖びとたちが一生懸命つないできた命であるということを、あらためて感じてほしいからです。

お父さんもお母さんも、おじいちゃんもおばあちゃんも、その前の先祖びとたちも、あな

たが色あせて生きるために、その命をつないだのではありません。

「〝つないでよかった〟と思われる命の使い方をしてみる！」

「受け継がれた貴重な命の炎を、もっともっと輝かせて生きてみる！」

それが本書のテーマです。先にお断りしておきますが、本書は宗教の本ではありません。

本書を読むことで**「命をつないでくれて、ありがとう……一生懸命生きてくれて、ありがとう。まだ生まれていなかった私のことを思ってくれて、ありがとう」**と毎日、命のリレーに感謝をしながら、しっかりと〝自分の軸〟を持って生きられるようになります。

食糧の乏しい時代、戦国時代、そして世界戦争の時代、高度経済成長の猛烈時代……、生まれてくる子々孫々を思い、先祖びとたちは生き延びました。あなたの命の輝きを思わなかった先祖など誰一人いません。彼らは我が子に、さらにまたその子に自分の姿と人生を重ね、幸せであってほしいと願い、苦しみに耐え、眠い目をこすり、減った腹を抱え、歯を食いしばり頑張ってきました。

そんな命のリレーの先端に私たちは生きています。彼らの思いがいっぱいにつまったDNAを携えて、私たちは今日も生かしてもらっているのです。

もし今、目の前に灰色の雲が垂れ込めているのなら、それがなくなるまで待つだけではいけません。**ここではない〝どこか〟に自分らしく生きる場所をつくり、胸を張って命を全うする。自分らしさを失っていたとしたら、しっかり取り戻す。**そして、もっともっと自分らしく生きることが必要だと思うのです。

あなたのお父さん、お母さん、おじいちゃん、おばあちゃん、さらにその前の先祖びとたちも皆、それを望んでいます。彼らがあなたに求めるのは、命を完全燃焼させ、幸せになること以外の何ものでもありません。

〝幸せのバトン〟を次世代に渡すためにも、まずは私たちがとことん幸せになりましょう。それは学生でも、社会人でも同じです。

あなたも私も今の瞬間、命のリレーの先端で「バトン」を握っています。

自分らしい走りを、思う存分見せてやろうではないですか！

誇りを持って幸せな人生を走り切りましょう。

もう命を無駄に使う暇など、1秒たりとも残されていないのですから――。

目次

01

死にたいほど憂鬱な朝もあなたの命は祝福されている

「今日もまた憂鬱な1日が始まるのか……」

目覚めとともに、胸のなかに湧き上がる靄《もや》のような憂鬱感……。

嫌々呼吸を始めた泥のような体が、逃れられない流れに呑み込まれてゆく――。

「なんのために生きているんだろう……」

そんなふうに、思ったことはありませんか？

そんな朝でも、あなたの存在は祝福されています。

あなたのその体は、かつて生きたくて生きたくて、どうしようもなく生きたくて、やっとのことで、奇跡的につながれてきた、尊い命のリレーの先端に存在しています。

時に私たちは、死に物狂いでつながれてきた命を宿したまま、人生を恨み、やらされ感や被害妄想、自分を責める気持ちを抱いてしまいます。

そんなときは、自分の存在、その命を、尊い宝物だと思う人がいること、いたことを思い浮かべてください。あなたの親や祖父母、今はもうこの世にいない、仏壇やお墓の中、あるいはあの世と言われるところにいる人たちまでもが、あなたの命を「地球上でもっとも尊い宝物」であると心の底から思っています。

あなたが、自分の人生を愛せていなくても、自分を褒《ほ》められなくても、騙《だま》されたと思って、親に祖父母に、曾祖父母に「命をつないでくれてありがとう」と心の中で言って、次世代にバトンを渡してきた彼らに思いを馳せてみてください。

今この瞬間に目を閉じて、たった1分でいいのです。

それだけで、彼らから守られているという安堵感が湧き上がります。

いつだって、そしてどこにいたって、祝福の愛に包まれることができるのです。

あなたの命は
地球上でもっとも尊い宝物

もっと好きなように生きて、もっと幸せになってください

02

「毎日、つまらないなあ……」

「私の人生はどうせこんなものよ……」

「ちっぽけな存在でしかない……」

「お金が稼げていない……」

「どうせモテないし……」

もしも、心の中がそんな感情でいっぱいになってしまったら？

仕事や勉強の手を止めて、あるいはスマホをテーブルに置いて、ほんの1秒でもいいから、想像してみてほしいのです。

昔々、あなたがまだ幼い頃、おじいちゃん、おばあちゃんは、あなたにどんな笑顔を向けてくれていましたか？　**あなたが生まれた頃のアルバムの中で、どんな表情で、お父さんお母さんはあなたを抱っこしていましたか？**　実際に昔のアルバムを取り出して、手元にない人は実家に行って、自分が小さい頃のアルバムをひもといて、見てほしいと思います。

「この子に幸せになってほしい」

「この子を幸せにしたい」

そこに存在したのはあふれんばかりの愛に満ちた笑顔だったはずです。

今は亡き、あるいは、会ったことのない先祖びとの顔を思い浮かべると、その笑顔から〝あるメッセージ〟を受け取ることができます。

あなたを遠くから見て微笑んでいる彼らからのメッセージ――それは「いいんだよ、迷わず生きなさい、自分の人生なのだから……」というものです。

写真を見ながら、あるいは思い浮かべながら、このメッセージを受け取ってほしいのです。

今でも、彼らはあなたに会って頭をなでたり、抱きしめたい気持ちのまま、あなたをずっとずっと見守っています。

かつて彼らは、あなたと同じように輝く目で恋をし、夢を見て、時に苦しみながら日々を過ごしていました。そして生涯を全うしていったのです。

その後を引き継いだのが、あなたという存在です。いつかあなたも、そして私もいつか、彼らと同じように死んでゆきます。もう、この世にはいない彼らがこう言っています。

「いいんだよ、迷わず生きなさい、自分の人生なのだから……」

どうでしょう？　悲観的になったり、できない理由を考えたり、そんなことを思っていること自体が人生の無駄遣いに思えてきませんか？

もっと好きなように生きて、もっと幸せになってやるぞって思えてきませんか？

いいんだよ…
自分の人生だから
迷わず生きなさい

03 どうして〝この本〟を書こうと思ったのか？

今から30年以上前の夏休みのことです。当時私は18歳でした。

そのとき私は突然、親戚や先祖の墓参りがしたくてたまらなくなりました。

どこから湧き上がった感情かはわかりません。しかし、とにかく無性《むしょう》にお墓参りがしたくなってしまったのです。同時に、血のつながりのある先祖たちが、どんなふうに生きてきたのかを知りたくなりました。

私は親戚をたどり、血のつながった先祖びとの墓参りをしてまわりました。親戚は「ありがとうね」と口では言いながらも、「この子はおかしな子だねえ」という目で私を見ていたと思います。危ない宗教にでも入ったと思われてもイヤなので、「歴史をテーマにした夏休みの自由課題だから！　自分のルーツも知りたいし！」と言い訳を用意していた記憶があります。

墓参りをしながら、先祖びとのエピソードを耳にするたびに、彼らがどんな思いで、どんな人生を送ったのかと想像し、胸が熱くなりました。**先祖びとへの「感謝」の気持ちと「会いたい」という気持ちが幾度となく胸に湧き上がり、そのたびに、「この人生を自分らしく生きなければ！　彼らが誇りに思えるような生き方をしなければ！」**と誓ったものでした。

親戚から聞く昔話も感慨深かったのですが、いちばん印象に残ったのは本家のおじさんからの「次の世代を頼むよ」という言葉でした。この言葉を胸に刻み、その後20代、30代、40代と事あるごとに思い出し、心の支えにしたものです。

それから数年して、突然父が亡くなりました。プールで泳いでいるときに心筋梗塞になり、そのまま帰らぬ人になりました。お葬式では父の少年時代の友人たちとも語らい、私が知らなかった父の姿なども知りました。

私には厳しく怖い父で、私はよく殴られていました。あまりにも怖いので、人殺しでもしているんじゃないか？と思っていましたが、「人にやさしく敵をつくらない父」で「みんなのリーダー」だったということを知りました。リーゼントにアロハシャツの軍団の中でサングラスをかけている父の10代の頃の写真を、父の友人から見せられました。東京・渋谷のディスコクラブ（ダンスホール）に毎週のように繰り出し、踊りが好きだったと、その友人は目を細めていました――。

人は最期に、何をした人なのかがわかるといいますが、まさにそのとおりでした。父の友人の言葉が、父が残した「生き方のバトン」のひとつになりました。父は私に「思いやりがあって強い男」になってほしいと思っていたことも、そのときにわかりました。

「なぜ、あんなに厳しかったのか？」

「なぜ、あんなに私を殴ったのか？」

その理由が通夜のときにわかったのでした。私は、人に対する思いやりが足りない子供だったのです。暴力は、それを心配した父がとった苦肉の策だったのでしょう。

やがて自分が人の親になり、バトンを握る側となりました。私は今、「子供たちを成人させるまで何がなんでも食わせ続ける！」という思いで一生懸命働くようになり、あのときの父と同じように、子供たちに夢を託し、時に不条理な意見を押し付けています。

40代も後半になって最近とくに、先に書いたような命のリレーをしみじみと感じるようになり、この命を大切にして生きようと思うことが増えてきました。

これらのことが、本書を書くきっかけをつくってくれました。

いま、自然災害を除けば、日本は有史以来もっとも平和な世の中といっても過言ではありません。先人が望んだ平和な世の中が実現されていると思いますが、私たち日本人にはひとつの大きなウイークポイントがあるように思えます。

それは、多くの人が〝うつろな目〟で生きているということです。電車の中でも、街ゆく人々も、その多くが「仕方ないんだよ……」といった〝あきらめ顔〟のまま、命の時間を浪費しているように見えます。つまり、命の無駄遣いをしているということです。

命のリレーは、あなたが意識していなくても、意識していても実在する現象です。そんな光景を先祖びとたちが見たら、「そんな生き方のために命をつないだわけじゃない」と言ってきそうです。

さあ、あなたはどんな生き方を選びますか?

平和な世で命の無駄遣いを
していませんか？

04 1秒で「感謝体質」になれる方法があった

「感謝して生きよう」というフレーズを聞いたことはありませんか？

感謝して生きるだけで、人は前向きに生きられます。前向きな思考で行動し、人々と良好な人間関係を築くことができるようになるのです。そして何より、落ち込まずに強い人間でいることができると思います。この姿勢が幸運も引き寄せ、幸せな心の状態を維持することにつながるといわれています。

でも、実際はどうでしょう？　よっぽど時間に余裕があるときでない限り、なかなか感謝して生きるのは難しいのではないでしょうか。感謝して生きたほうが幸せだし、その気持ちから恩返しの行動が生まれ、誰かを幸せにして、自分も幸せになり、ますます良い運や巡り合わせももたらされることはわかっています。

でも悲しいかな、現代人は皆忙しくて、目の前のことや自分のことで精いっぱいになりがちです。忙しすぎる毎日、複雑な人間関係を抱えた日々のせいで、心が「感謝できない状態」へと追いやられてしまい、誰かに感謝する気持ちを抱いても、感情がこもりきらないまま毎日が過ぎていったり、本当に感謝したい人が周りに見つからない場合もあると思います。

そんなときこそ、**毎日1回、命のリレーに思いを馳せてみてほしいのです。**あなたはきっと幸せな気持ちで満たされるでしょう。脳内に幸せな化学反応が起きるのです。

お金もかかりませんし、お酒を飲みすぎて健康を害することもありません。その場所で、目を閉じて、ただ命のリレーを想像した瞬間、あなたは「感謝体質」になることができるのです。「感謝体質」になれば、自分を責めたり、誰かと比べて自己嫌悪に陥る時間がおのずと削られます。つらい時間を自分から引きはがすことができるのです。

いつでも、どこでも簡単にできるので、親を含む先祖びとへの感謝の気持ちを、どうか1日1回でも抱いてほしいのです。

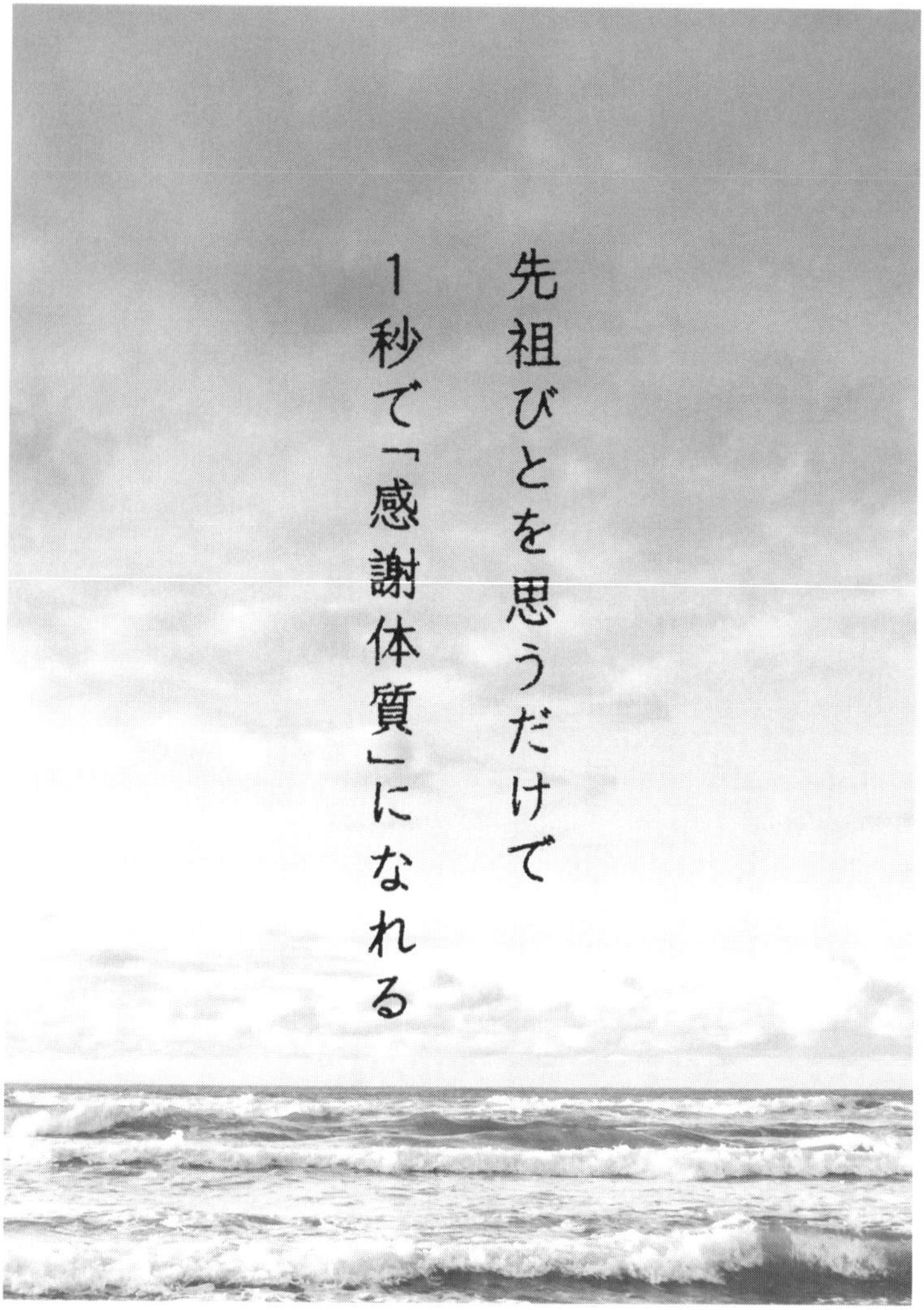

先祖びとを思うだけで
1秒で「感謝体質」になれる

かつては命がつながることは簡単ではなかった

05

人間の命は、かつてとても儚《はかな》いものでした。

縄文時代は、15年以上生きた人を対象にすると、平均して30歳前後までしか生きられなかったといわれています。**今の平均寿命の3分の1くらいまでしか生きられなかったことになります。**当時は女性が2年に1回平均寿命まで子供を産み続けなければ、人類が滅亡してしまうほどの生存率だったといいます。

私たちの先祖びとは食糧を探し、子供を産み育て、自然の脅威に打ち勝って、命をつなぐために必死で努力してきたことがわかるでしょう。

縄文時代から1000年以上たった「戦国時代」においては、1回の合戦で最大2万5千人が命を落とすこともありました。あちこちで合戦が起きていたわけですから、数え切れないほど多くの人が戦《いくさ》で亡くなっていたことになります。

その後、天下統一がなされた江戸時代でも、**15年以上生きた人の平均寿命は、男性が43・9歳で女性が40・9歳であったとされています。**自然の影響による食糧難で命を落とす人も大勢いました。江戸の三大飢饉だけでも、100万人以上が命を落としていたといわれています。病気による死亡も多く、明治維新の頃の日本の人口は今より9000万人も少なかったといいます。

西洋医学が日本に伝来した後に日本人の寿命はどんどん延び、今では人口は1億2千万人を超えています。このことから、それまでは「病気」で命を落とす人がとても多かったことがわかります。西洋医学が日本人の寿命を延ばし、人口を増加させることにつながっていったと理解できるでしょう。

明治以降も、天災や戦争などで命を落としたり、ケガをしたり、病気になったりとさまざまな苦労をしてきました。それに比べると、今がどれほど恵まれているのかを知ることができきます。

しかし、現代を生きる私たちは、「生きるのは大変だ」など、時に愚痴をこぼします。たしかに仕事や家事や子育て、あるいは勉強や部活、アルバイトでいっぱいいっぱいの人や、貧困家庭と呼ばれる家庭も少なくありません。

それでも、私たちの大変さは、かつての「生き死に」とは比べ物にならないほど安泰であることに気づかなければいけません。

命がつながることはたやすいことではなかった――。そんな時代の命のリレーに思いを馳せてみてください。我々がいかに多くの生き方の選択肢を持っているか、そうでありながら、その選択権を放棄しているかがわかるでしょう。

もっと本気で生きなければ……そんな反省を何度しても足りないくらい、さまざまな思いが湧き上がってくるはずです。

かつて平均寿命は
縄文時代で30歳前後
江戸時代でも43歳前後だった

リレーの先端で私たちにはもっとやるべきことがある

06

かつて食糧が乏しいときには「自分は食べなくても、この子にだけは……」と、自分の子供になんとかして食べ物を与え続けた親たちがいました。また、「自分の命と引き換えに子供の命をつないだ親」もたくさん存在していたと思います。

あなたの命はそうやってつながれてきた命です。命をつないだ彼らは、語りつくせないほどの思いを抱えながら、この世を去っていきました。

どうして彼らはそれができたのか？　それは自分の子供が自分の未来そのものであると思

えたからであり、自分の命の分身だと思えたからです。

「この子たちが大人になる頃にはどんな未来になっているんだろう……」と、あなたの両親も祖父母も、そのまた先祖びとたちも、あなたの未来に思いを馳せていたはずです。

あなたの中には彼らと同じ血が流れ、ＤＮＡが生きています。**それは、あなたのすべてのＤＮＡの中に、彼らの思いや愛情の断片がちりばめられているということです。**つまり、今あなたは彼らの期待の中に生きているということを意味します。彼らの愛情の断片ひとつひとつが、あなたのＤＮＡの中であなたの息遣いを見つめています。あなたが怒っているときも、泣いているときも、恐怖を感じているときも、誰かから不条理な攻撃の言葉を受けて苦しんでいる最中もずっと見守っています。

何百年も前から、あなたはすでに彼らの心の中に存在していました。そんな情景を思い描けば、たくさんの人たちに応援されているような気持ちになってきませんか？

すべての先祖びとたちの愛情の断片が、何千、何万とあなたの中に息づいているのです。

私たちのＤＮＡには
先祖びとの
愛と期待がいっぱい！

07 幸せに生きるということはどういうことなのか？

私は約30年間、「どうしたら幸せな人生を送れるのか」というテーマについて研究してきました。さらには、自らそうなるための想定をして実践してきました。時には隣人や友人、仲間、知人の〝心の壁〟を壊し、「自由になってもらう」ため、「幸せになってもらう」ためにいろいろなことをしてきました。

あるときはおせっかいだと嫌がられたり、やりすぎて縁を切られたこともあります。その逆に、目の前の人が満面の笑みになり、感動して泣いてくれたりと、幸せでかけがえのない瞬間を見ることもできました。どう生きるべきかをともに考え、目の前の人が本当にやりたいことに出会えたのを見て、歓喜したこともあります。

私の使命は周囲の人々や、読者の皆様、講演やイベントに参加してくれた人たちを「生きることを楽しむ人生」に導くことです。しかし、まだまだ、もっと多くの人に、日本中の多くの人に生まれてきた喜びと幸せを噛みしめてほしいと、心底思っています。

あなたが幸せになれば、それを知った私は飛び上がって喜びます。**どうか、本書を通じて今生《こんじょう》の命を大切に扱ってください。そして幸せになれる場所で、輝かせてほしいのです。**

では、幸せに生きるにはどうしたらいいのでしょう？　30年間の研究、実践の結果でもある「幸せになるために必要な要素」を、以下の5つにまとめました。

1．大好きで得意な仕事につく（favorite & specialty job）

2．大好きな趣味を持つ（favorite hobby）

3．大好きで楽しい社外（学外）活動に出会う（fun activities）

4．大好きな人たちに囲まれる（favorite people）

5．良好な人間関係を維持する（favorite relationships）

この5原則を私は「幸せの5F」と呼んでいます。

この5Fがある人が、幸せに生きることができるのです。ところが、多くの人は、たとえ健康な体と必要最低限の収入を得ていても、この5原則を持っていません。その結果、どんなに世の中の経済や文化が発展しても、優れた学歴を得ても、名誉を得ても、「幸せになること」ができないのです。

なぜなのでしょうか？

1番目の「大好きで得意な仕事」に関していうと、**まず多くの人は希望の会社には入れないということがあります。**それだけではありません。会社に入った後も、得意な仕事や好きな業務に就くことがほとんどできないのです。このことは誰でも気づいていることなのに、決して触れようとしない「真実」のひとつです。

まるで洗脳されたように、与えられた職務に身を捧げ、時に傷つき、疲弊し、定年までやりきり、こんな人生でよかったのかな……と自分をなぐさめることになってしまうのです。

「希望の会社に入れない。希望の職種につけない」

いまさらこれを言っても世の中の仕組みなので、仕方がないことです。

でも、だからといって、そこで諦めてしまってはナンセンスです。なぜ、多くの人が不得意で好きでもない仕事に長期間従事し、嫌な人間関係に耐え続けるのか？

より良い生き方を求めて、転職したり、社外の時間を使って、魂が本当に喜ぶことを見つけ、熱中することができるはずなのに、どうして命を無駄に使ってしまうのか？

私は、それが不思議で仕方ありません。周囲を見渡せば、会社の仕事においても、さらには社外の活動や趣味、副業においても、得意で好きなことと出会い、それを良好な人間関係の中で営んでいる人がとても少ないように思えてなりません。

多くの人が会社の仕事はおろか、社外の活動や趣味や遊びについても**「本当にやりたかったことに気づけない」まま、あるいは「気づいていても行動しない」ままに一生を終えているのです。人間がいちばん後悔するのは、「やらなかったこと」への後悔だといわれています。**

あなたは、本当にやりたいことに気づけていますか？　出会えていますか？

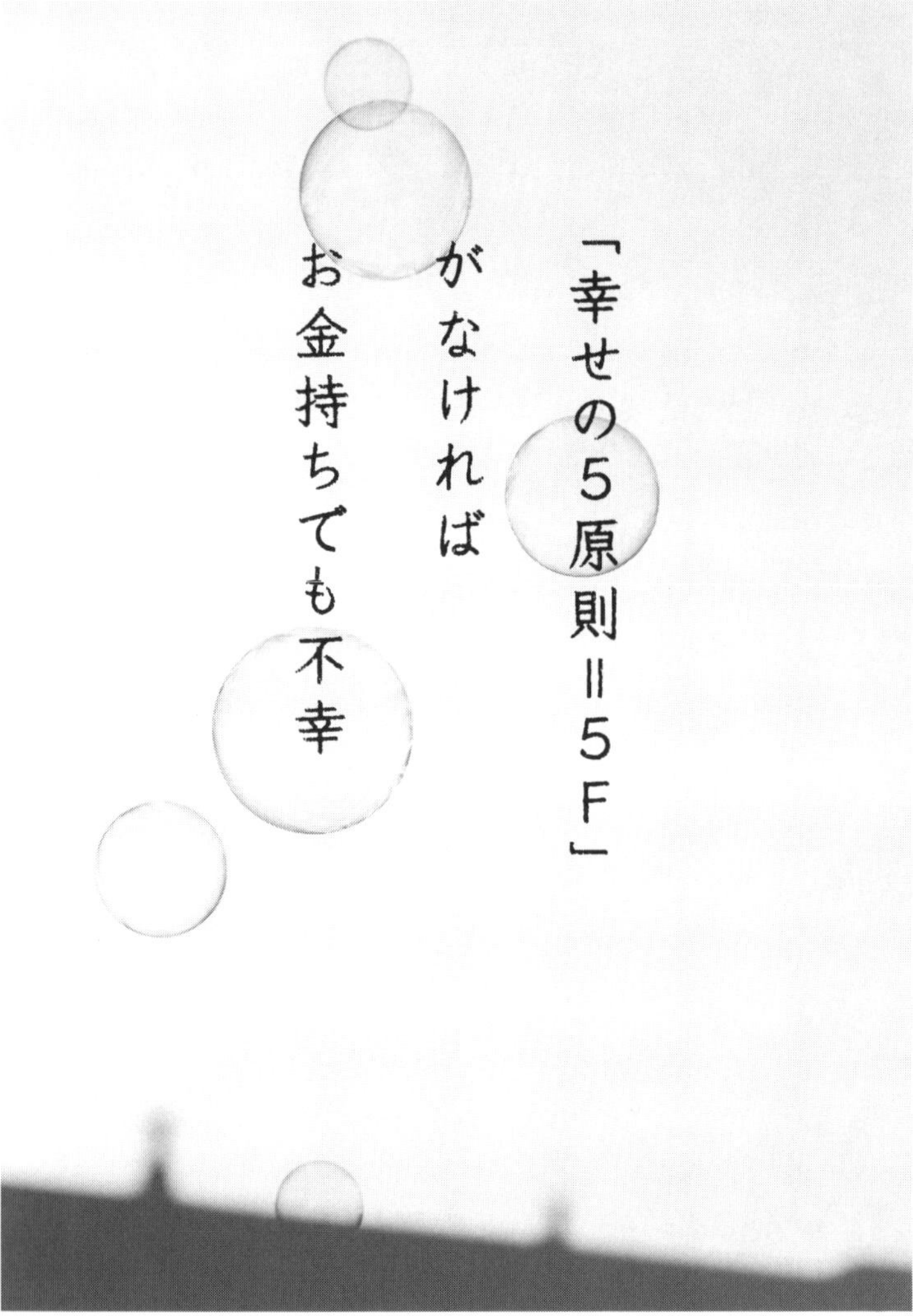

「幸せの5原則＝5F」
がなければ
お金持ちでも不幸

08 会社に就職するということ

私たちの多くは、学校を卒業すると「会社」に所属します。

「正社員」「契約社員」「派遣社員」あるいは「アルバイト」など働き方はいろいろですが、多くの人は「組織の一員」として働き始めます。

世の中にどんな仕事が存在し、働きがいや、職場の雰囲気はどうなのか？　あるいはどこがつらいのか？　それを学ぶ機会を与えられぬまま、1年ほどの就職活動期間を経て、出たとこ勝負でエントリーし、たまたま採用された会社で働き始める——それが、この世の中の実態です。

もちろん、学生のうちからやってみたいこと、興味を持った仕事にアルバイトやインターンとして接点を持ち、そのままその職業に就いたり、あるいは面接に合格し、就職できる幸運な学生もいますが、それはほんの一握りですね。

ここで伝えたい真実がひとつあります。それは**〝就職した会社〟が人生をつくるということです。会社が年収を決め、やりがいを決め、その人の佇まいを決め、人生を〝ほぼ〟決めるということです。**

大好きで得意な、憧れの仕事ができる会社に入れた人は幸せです。そこでの稼ぎが多ければ、もう人生はパラダイスです。飲み会に行ってもパーティに行ってもモテモテです。〝好きな仕事をして、お金がある人〟ほどモテる人はいません。カッコイイ職業でなくても、仕事が大好きであればモテるのです。好きな仕事をする人からは、魅力的なオーラがあふれ出ます。人生をイキイキと生きる人だけが発するフェロモン、といってもよいでしょう。

その逆に、好きでもない、得意でもない、給料も安い、人間関係も最悪――そんな職業についた人の人生は、この正反対になってしまいます。

もちろん、社外の時間で自分が好きで得意な趣味や遊び、イベント、社会活動に没頭している人は別です。ところが、時間をはじめ、周りの環境をコントロールするのはなかなか難しいものです。仮に社外で本当に自分が好きな活動や副業をやれたとしても、それは出しきれる力の5〜6割止まりでしょう。なぜなら、本業でこそ人は力を発揮し、人生のもっともエネルギッシュな時間を刻むからです。

昔は「3年間の法則」というものがありました。

私も、合わない会社に3年間居続けたことがあります。3年間、会社員をしっかり全うすることで得られるものがある——そう信じていたからです。でも、それは間違いでした。もっと早く辞めていればよかったと、今では心底感じています。転職をすること、今とは違う仕事に乗り換えること——それはとても恐ろしいことです。飛び出したその先は、深い谷かもしれないからです。しかし、今だからいえることがあります。イヤな会社に石の上に3年は長すぎます。本音をいうなら1年がいいところでしょう。

もし、今の仕事に満足していないなら、仕事を変える勇気を持ってください。あらかじめ得意で大好きな仕事があったら、そこを目指しませんか？　また、それが見つかっていない人は、世の中にどんな仕事があるのか、いろんな友人に聞いてみたり、イキイキと仕事をしている人に会って取材したり、ネットで情報収集をしたりしまくりましょう。必ず、あなたに合う仕事があるはずです。

そこで、自分に合う仕事かどうかを見分ける方法があります。それは「徹夜したことに誇りを持てる仕事かどうか」です。私はガマンしながら働いていた会社員時代、2時間の残業すら、時間がもったいないと思っていました。また、自分の人生を捧げたことがものすごく〝恥〟に感じられていました。でも、今は違います。本を書くことで徹夜しても、1月1日の元日に原稿の山に埋もれていても幸せです。

もうひとつは「出会いの場で誇りを持って〝言える仕事〟かどうか」です。自分をアピールしなければいけない場所で、名刺を出したくないと思うような仕事、あるいは会社名や職種を言いたくないような仕事は、あなたに合わない仕事です。その仕事に従事していても成功もしないし、魅力的な人間にはなれないし、幸せにはなれないのです。

自分の中の魂がどう反応するか？　それに素直に従って、転職先を探しましょう。

それがどうしても難しい人は副業でもよいので、「好きな仕事」に携わってみてほしいのです。人生には無駄な時間はありません。苦虫を噛みつぶしたような顔をして、少ない給料で文句ばかり言っている――そんな時間があったら、その命を有効に使って理想の生き方を探るべきなのです。

天職があなたを
魅力的にする！

09 学歴社会の真実と壁

「勉強しなさい！」

私たちが親から口酸っぱく言われたこのセリフ――大学に入って就職活動をするときに、その意味に気づきます。つまり、大手一流企業は偏差値の高い学校からしか〝ほぼ〟採用しないということに気づくのです。〝ほぼ〟と書いたのは本筋の高偏差値採用以外の〝枠〟を会社が用意しているからであり、あるいは〝大口取引先の子息〟など企業にメリットがある場合の〝コネ採用〟の採用枠があるからです。

ただし、有名一流企業も「低偏差値の学校の生徒は就職試験は受けさせません」とは言えないので、一応、誰でも応募できるようにします。しかし、その多くが書類選考や、一次面接ではねられます。**結果的に、採用されるのは高偏差値の学校の生徒ばかりです。**

これが「大きな仕事」をして「たくさんの給料をもらえる」会社——つまり多くの恩恵がもたらされる一流企業、そして官公庁のトップクラスの〝学歴採用〟のリアルなのです。

しかも、高偏差値の一流大学に行っているからといって、全員が受かるわけではありません。何千人に数人、あるいは何十人に1人の割合でしか一流どころの〝本流採用〟はないのです。これが「学歴の壁」といわれるものです。

だからこそ、子供の教育にお金をかけて、大都市圏では一流大学付属の小学校や中学校に行かせようと、月に何十万円も塾にお金を費やしたりします。東京・目黒区のある地域では「中学受験率」が80％を超え、残りの2割が受験なしの公立中学校に行くのが当たり前です。親たちも有名高偏差値大学出身ばかり、そして職業も一流どころの高給取りばかりで、子供もほとんど有名大学の付属校に進学し、東大あるいは有名私立大学に進学してゆきます。親の優秀なＤＮＡと学力を上げるための豊富な軍資金あっての学歴の継承現象といえるでしょう。

学歴はひとつに医療や建築など技術を学ぶものと、その他の一般教養を学ぶものに分かれます。一般で言うと、この後者になるわけですが、これはつまり「頭脳の耐久性」「頭脳の機能性」「頭脳労働をやり遂げる能力」の基準です。この基準の高い人がいい大学に入り、いい企業に採用されてゆくということになります。

私が知る限り、大手一流企業に就職した高学歴な人は仕事によってどんどん磨かれてゆきます。**20代後半で一般企業の2倍の給料をもらい、大きな仕事を動かし、どんどん実力をつけ、いい顔になってゆきます。**社外の飲み会にもプライドを持って参加し、男性の場合は女性が結婚したい社会的ポジションを得ることができます。

女性も同じです。これからはデキる女性の時代となり、同じようにデキる男性からは引っぱりだこになります。女性もまた、かわいいだけじゃダメな時代になってきたのです。

――と、ここまでは学歴の勝ち組の話でした。しかし、世の中には学歴は高くはないし、一生懸命頑張ったけれど結果が出なかった……という人も多いものです。

でも、そんな彼らの中から成功して幸せになっている人が実に大勢いるのです。むしろ、有名一流企業の人たちよりも自由闊達にのびのびと仕事や遊びに没頭し、楽しみながらたくさんのお金と幸せを得ている人たちがいます。

この人たちはどのような人なのでしょうか？

それは、「好き」「得意」な仕事に出会えた人であり、その仕事において、世の中の人たちを幸せにしたり、便利にしたり、満足させたりして「お金を出してでも買いたい」と思われるような「商品」または「サービス」を提供している人であるということです。

そして、もうひとつ重要なことがあります。そのビジネスをどうにでもできる権限を持ち、お金の流れの中にいる人――ということです。

有名一流企業もまったく同じことがいえます。世の中の役に立ち、大きく儲かる仕事を学歴で手に入れるか？　あるいは自分で手に入れるか？　その違いでしかないのです。

オリジナリティを生み出し、世の中の多くの人に支持されることが大切ということです。

お金は世の中の人を喜ばせたり、幸せにした量の対価といわれます。

もし、あなたが今、学歴の上に胡坐をかいているとしたら、あるいは学歴がないからといって自分の限界を自分で決めているとしたら、その両方とも間違いです。

どちらも、悪しき「学歴の壁」といえるでしょう。

大切なことは何か？　もうわかったはずです。

大手企業就職は
学歴主義だけど
自力主義なら
もっと幸せにもなれる

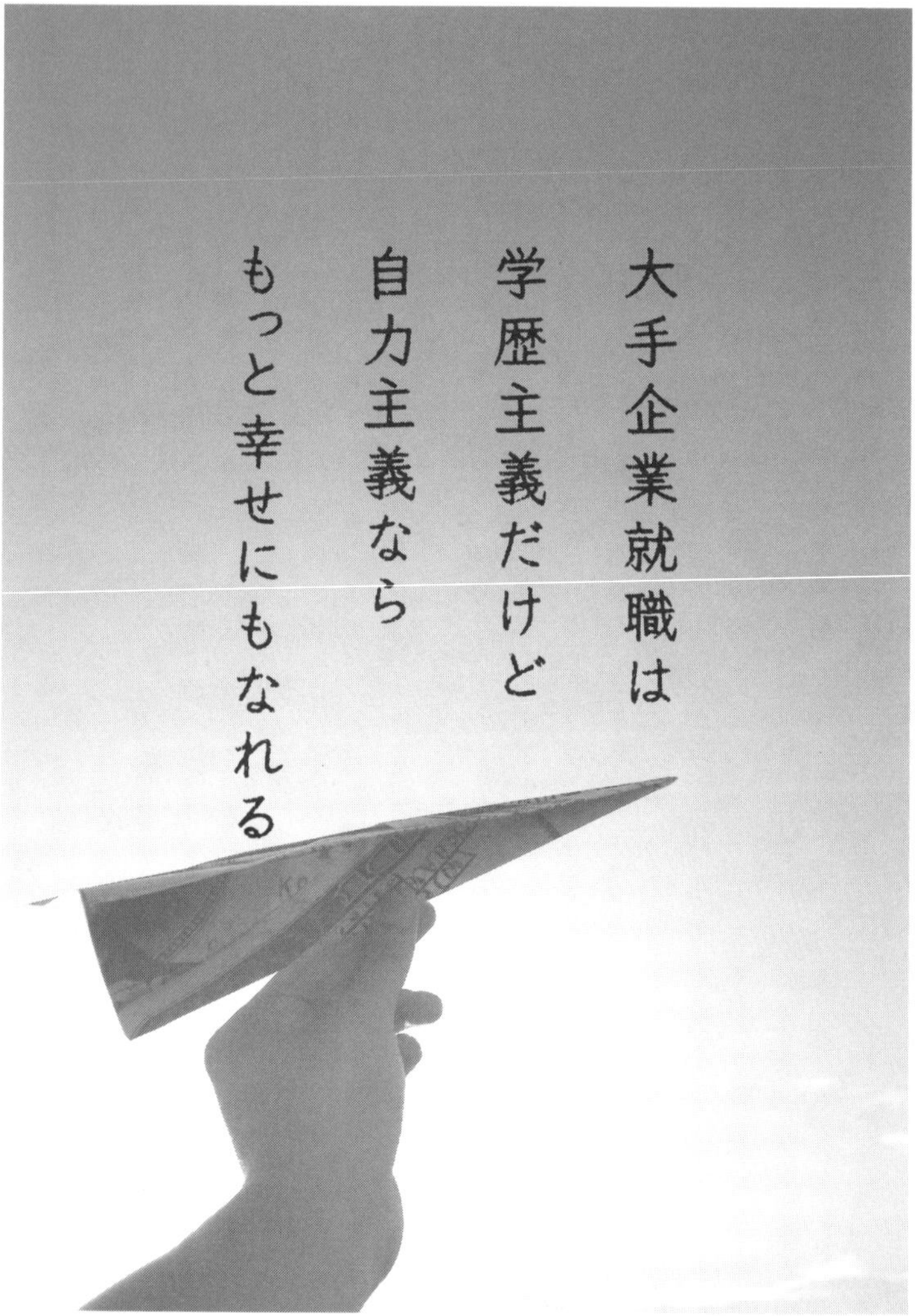

10 自分は何者なのか？と不安な人のための「自分づくり」の方法

10代、20代だけでなく、30代、40代になっても**「自分は何者なのかわからない」という人がいます。自分の軸がなく、自信が持てない――そんな人たちです。**

家族に育てられ、学校の教師に指導され、なんだかわからないまま、勉強し、運動し、規則を守り、登校する。受験をし、高校や大学に入り、とにかく目の前のことを画一的にやる。目の前にいる異性に恋をし、心を奪われ思い出を刻む……。

そのまま就職活動をし、受かった会社に入る。お金を稼ぐためにとにかく頑張る……。

しかし、この間も、私たちは「自分は何者なんだ?」と絶えず自分に問いかけ、「自分は○○という存在だから△△のように振る舞わなければ……」という指示を自分に与え続けます。アイデンティティは脆《もろ》く、そして揺らぎやすく、動揺と失望を繰り返しつつ、それでも私たちは生命活動を続けます。

人生とは、「自分づくり」の旅の連続なのかもしれません。いつか立派な自分をつくり上げ、揺るぎない自信と魅力にあふれ、幸せに暮らしたい——誰もがそう思っています。

「自分づくり」とは、何なのでしょうか?

それは、ひとつに社会での在り方、あるいは地位などのポジショニングです。周囲から尊敬され、共感され、感謝の念をおくられる「社会的役割」を目指すことです。

もうひとつは、自分らしく、楽しく生きながら、周囲とも良好な共感関係を結ぶことができる心と知識と経験、豊かなコミュニケーション能力を備えた「魅力的人格」を目指すことです。

この2つさえあれば、私たちは幸せに意気揚々と生きることができるのです。

さて、ではどうすればこの2つを得ることができるのでしょうか?

前者の「社会的役割」のほうは、仕事や社会活動によってつくられます。これは学生でも同じです。学校外でどんなアルバイトをしているか。それで社会的役割のひとつが決まります。お金をもらっているのですから、それは立派な社会的役割です。アルバイトは時に学校の勉強よりも大切な知識と経験と自信と人脈を与えてくれます。学業にアイデンティティを見いだせない大学生が、興味のある仕事場で働くことで、自分づくりをして、自信を積み上げていったりもします。

お金をもらう仕事ではなくとも、ボランティアやサークル、スポーツチームなどの社会活動においても「社会的役割」が確定されます。**ある特定数の人間に影響を与えるものは、立派なアイデンティティとなります。**例えば、高校野球や高校サッカーなどはひとつの部活ですが、世の中に感動と興奮を与えるという意味で立派な「社会的役割」となり、〝自分づくり〟に役立ちます。

さて、もうひとつの「魅力的人格」は、仕事においても磨かれますが、実はそれだけでは足りません。仕事がどんなにできて、お金があっても、恋愛が不得意だったり、友達づくりが苦手だったり、魅力的な会話ができなかったりする人もいます。あるいは、人前で話したりすることが苦手な人もそうです。

「魅力的人格」を磨くためには、仕事以外でしっかり遊び、心を豊かにすることが重要です。楽しむ思考回路をしっかりと脳に刻み、その状態で自分以外の人たちと共感し合う生活を繰り返す必要があります。今まで閉ざされていた心を開き、脳に新しい神経回路を刻み込むのです。このときに人気がある、魅力的な人と接するように心がけることで、魅力的な自分になることができます。

この2つが、私が思う〝自分づくり〟のマニュアルです。心を豊かにするために読書をしたり映画を観たり、セミナーで話を聴いたりということを勧めるケースがよくありますが、**その後に必ず実社会での体験がないと〝自分づくり〟は、絵に描いた餅に終わります。目で見る、学ぶだけでなく、行動することでこそ〝自分づくり〟は成功します。**

さあ、1年後、あなたはどんな〝自分〟になっているでしょうか?

人は新しい行動の繰り返しにより、新しい自分の性格、人格をビルドアップし、自分づくりをいかようにでも成し遂げることができるのです。

自分づくりは〝筋トレ〟と同じ
〝生身体験〟が1ミリずつ
あなたを造りあげる

11

「つないでよかった!」と思われる"命の使い方"とは

「どうしてこんなに、誰もがつまらなそうな顔をしているんだろう?」

東京を訪れた海外からの旅行客の多くは、そのように驚くそうです。日本人特有のつつましさとか、物事に真剣に向き合うひたむきな真剣さとはまったく異なる違和感なのだそうです。外国人旅行者の多くは、世界都市・東京に生きる人々が、みな暗い顔をして、思いつめているような姿に強い違和感を覚えているといいます。

多くは、自分の人生を愛せていないのです。

あなたは今、自分の人生を愛せているでしょうか？

この問いに「愛せていない」と答えてしまったあなたに質問です。

その理由は何でしょうか？

「やりたくもない仕事をしているから」

「仕事がハードすぎてつらいから」

「給料が安いから」

「気の合わない人に囲まれているから」

「学校の人間関係がうまくいかない……」

「部活がきついし、つまらない……」

「好きでもない勉強をしている……」

いろいろあると思います。

しかし、それらは実はあなたが選んだ苦しみなのです。病気や不可抗力的な事情を除き、

多くはあなた自身の〝選択〟によって「愛せない人生」を選んでしまっています。

100年前の人々がそれを見たら、きっとこう言うでしょう。

「どうして、そこに固執しているの？」

先祖びとは「そんな命の使い方をしないでほしい」とも感じていることでしょう。それでは、先祖びとがあなたを見て「つないでよかった！」と思える〝命の使い方〟とはいったいどんな生き方なのでしょうか？　それは……


「感動する生き方」

「腹の底から笑える生き方」

「誰かを愛する生き方」

「誰かに愛される生き方」

「世の中の片隅を良くして感謝される生き方」


このような生き方ではないでしょうか。

これらは、いまわの際において「生きてきてよかった」と感動しながら、一生を終えられる生き方の条件だと思います。これらの生き方はすべて、今を生きながらも、先人に対して常に感謝の念が湧き上がる生き方でもあります。

あなたには、こんな経験がありませんか？

いいことがあったとき、感動したときに「生きててよかった……お父さん、お母さん、おじいちゃん、おばあちゃん、いま、最高の瞬間を生きてるよ……ありがとう！」と心の中でつぶやき、思いを送ったことが――。

これこそがまさに、**先祖びとがあなたを見て「つないでよかった！」と思える“命の使い方”であり、あなた自身も悔いなく生涯を過ごせる生き方のひとつといえるのです。**

このような生き方ができていれば、最低限の衣食住と不安のない収入があるだけで、とても幸せな人生が送れるはずです。

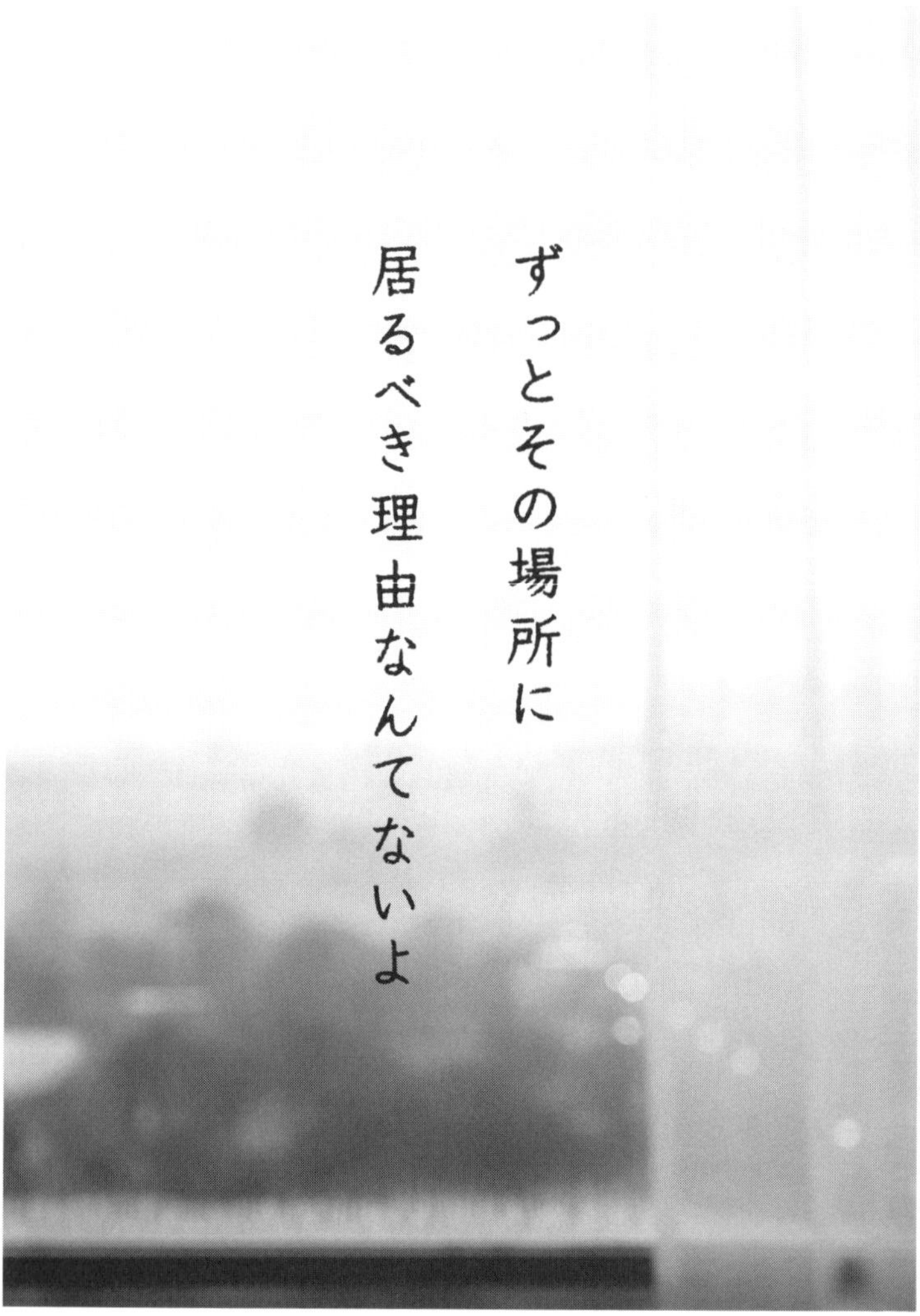

ずっとその場所に
居るべき理由なんてないよ

12 灰色の雲が垂れ込めていたら……どくのを待つだけじゃダメ

仏教に「諸行無常」という言葉があります。

「世の中の物事、事象のすべては移りゆき、ひとつとして同じものはない」という意味です。これは、心を整えるために応用できる便利な言葉でもあります。

つらいことがあっても「時間が解決してくれる……」「すべては変わりゆく……」と思うことで、心の痛みをやわらげることができます。

多くの場合、時の流れとともに心に抱えた痛みが消え、晴れやかな日々が戻ってくるものです。

ところが、この考え方には欠点がひとつあります。

解決するまで待っていては、人生の時が足りなくなってしまうということです。

もしも今、あなたの人生に灰色の雲が垂れ込め、ずいぶん長くその状態だとしたら、その雲がなくなるのをただ待っているだけでは解決しない場合もあります。ところが多くの人は、苦しみの正体から目をそらし、根本的な解決をしないまま、〝前向きになったふり〟をして生きようとしてしまいます。

しかし、放っておけば、あなたの人生の時間はどんどん削られてゆきます。時間は命です。苦しんでいる時間も、あなたの人生の「本番の1シーン」なのです。あなたがそれを受け入れているかぎり、命が無駄になっていくのです。

「今、あなたを苦しめていることは何ですか？」

その正体に気づき、そこから離れることに躊躇しないでください。

解決策のひとつとして、時に自分の判断で、その場所から離れることも必要なのです。

「そんなに、耐えなくていいよ。1回離れてみたら？」

自分の子供や孫、子孫が苦しんでいたら、あなたもきっと、そう言い聞かせるでしょう。

先祖びとたちも同様に皆、そのように思っているのです。

苦しいだけのことは、うまくいきません。どんなに頑張っても、人生を彩る景色になることはなく、忘れてしまいたい苦い記憶が、心の片隅に残るだけなのです。

「そんなに耐えなくていいよ。1回離れてみたら?」

その言葉を、自分のためにかけてあげてください。

あなたの命が輝いている状態で、次世代にリレーのバトンを渡してあげてください。

それを〝罪〟というのなら、世の中のみんなが罪を犯して生きています。

だから、あなたも「逃げる」「離れる」という罪を堂々と犯せばいいのです。

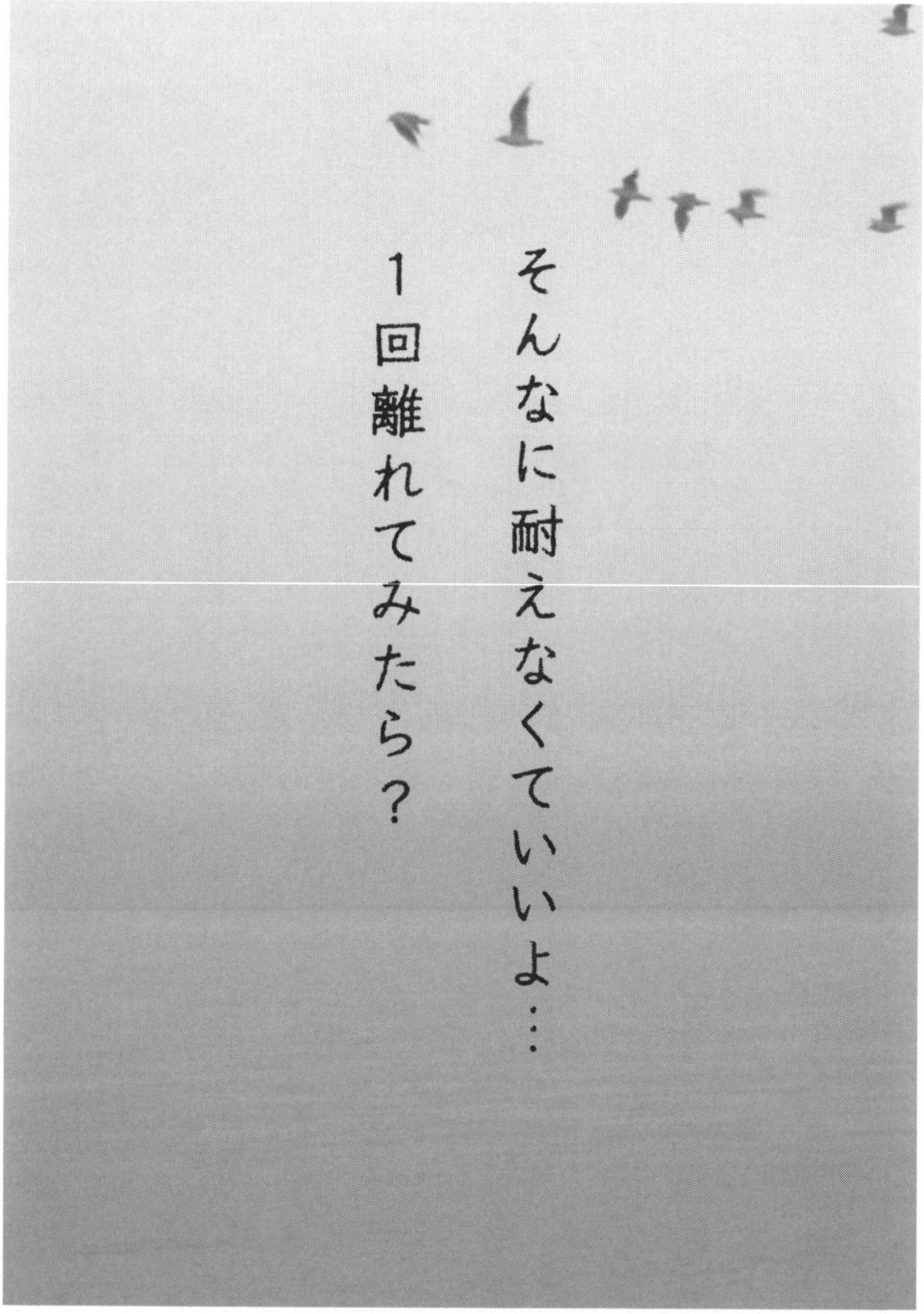
そんなに耐えなくていいよ…
1回離れてみたら？

「心」が変われば「同じ景色」も違って見えるのです

13

「昔、大嫌いだった親と最近はなごやかに話せるようになってきた……」

あなたにも、そのような経験がありませんか？　私はまさにこの典型例です。

これは、さまざまな経験をすることで心が成長し、〝心の在り方〟が変わったことによるものです。**心の在り方が変われば、物事の受け止め方も変わります。**自分も成長することで、親の小言の意味が理解できるようになるのです。

「昔、大好きだった懐かしのラブソングを久々に聴いてみたら、昔と違った歌詞の部分で感動した……」

これもまた、数々の恋愛体験によって歌詞の共感部分が変わったことによるものです。歌詞を受け止める〝心の在り方〟が変わった結果といってよいでしょう。このように、心の在り方が変われば、感じ方も変わり、それによって自分の言動も変わり、性格すらも変わってゆきます。

では、心の在り方を変え、人生をよりよきものに変えるにはどうしたらよいのでしょう？

それは「新しい経験をすること」です。新しい体験を通じて、知識を脳に刻みつつ、感情としても記憶にも刻む――その繰り返しが、新しい「心」を形成してゆきます。この積み重ねが「性格が変わったね！」と言われるほどに、あなたを別人へと成長させていきます。

これは、1日100回の腹筋を毎日続けたことにより、お腹に筋肉がつくのと同じことです。心や性格もまた、筋トレをして筋肉をつけるのと同じように、「行動」「経験」によって増築・改築されてゆくのです。

「今の職場で新しい経験をするのは難しい……」

もしそうだとしても、「新しい経験」を積むことはできます。社外の時間を有効活用すればいいのです。会社では決められた仕事しかできませんが、会社のバッジを外した途端、いろいろなことができますね。

副業、恋愛、趣味など、最初のきっかけは何でもかまいません。最初は、単なる気晴らしから行動のきっかけをつかむという方法でかまわないと思います。凝り固まった心のままでは、自分が何が好きなのかにすら気づけないからです。

まずは、「ここではないどこか」にエスケープし、自分を解放します。家でも会社でもないどこかに、体を運んでください。そして心を開放して1～2日過ごした頃に、自分が本当にしたいこと、居たい場所にだんだんと気づけるようになります。

会社の外に自分の居場所を見つけ、そこに「行く習慣」がついてきたら、そこからが本番です。もっといろいろな意味で、だんだんと自分よりも良い人生を歩んでいると思える人――高い技術、尊敬すべき人間性、高い収入、高い幸福度を持っている人々との接触、あるいは共同作業ができるコミュニティに自分を送り込みましょう。

社外での時間――つまりは今見えている景色の外側にこそ、あなたの人生をパラダイスにする経験が待っています。その経験による知能と精神の筋トレにより、あなたの「心」が変化します。

社外活動や副業により、人は驚くほど生まれ変わることができます。与えてもらうことに喜びを感じていた人生より、与える人生のほうが楽しいと思うようになり、人の嫌なところばかりが気になる性格から、人のいいところばかりに気づく性格に変わったり、感じ方や生き方の姿勢がまったく変わってゆきます。

環境を変えて、心の在り方を変える。それにより、さらに高いステージに生き方をステップアップしてゆく――それが成長するということであり、次世代によりよい生き方のバトンを渡すための〝あるべき努力曲線〟といえるのです。

朝陽を見ると「ああ、憂鬱な1日が始まる……」――そんなふうにしか反応しなかった心が、「よし！　今日も楽しいことが待っているぞ！」と、まったく正反対に〝変わる〟朝がやってくるのです。

性格は「経験」によって
変えられる

親との死別が与えてくれたもの

14

大切な人との想像すらできなかった別れを経験する場合があります。苦しくて、悲しくて、涙が止まらない——そんな過呼吸状態の苦しみの渦《うず》のなかで、考えられることは限られています。でも、苦しまぎれでも手足を動かせるようになったら、あるいは人に会う気力が少しでも湧き上がってきたなら、そのときはこのように思ってみてほしいのです。

大きな存在を失い、大きな穴がぽっかりとあいてしまった状態から、何を学ぶかはあなた次第ということです。

私にも経験があります。若いときに父を亡くしました。それは、とてもとても悲しいことでしたし、家族全員、絶望感のどん底まで落ちました。みんなで泣きましたし、父と老後を一緒に楽しもうと思っていた母の悲痛な姿を見て、自分もまた「次は俺の番か……」とすら思ったりもしました。

しかし、父の突然の死は私に多くのことを気づかせてくれました。

まずは「人は遅かれ早かれ死ぬんだ。それは順番にすぎない」という悟りです。これにより、人の運命や死というものを冷静に考えられるようになり、「生きているうちは精いっぱい生きないともったいない」という気概が生まれました。

父が亡くなる数日前に「会社で頑張ってきたけど、何も残らない。だから、これからは楽しくて、残るようなことをする」と言った言葉も、その後の私の人生を大きく変えました。

「これは遺言に違いない！」――そう思い、葬儀が終わって出社した直後に、いつも一方的に圧力をかけてくる上司に会社を辞める覚悟で言い返したという記憶があります。「自分を捨てない、自分の名誉を守る」――そんなスタンスを貫くことができたと思います。

父の死により、自分らしい人生を全うする姿勢はますます加速しました。社外でやっていたイベント活動に一心不乱で取り組み、会社は単なる〝ライフライン〟と薄情に割り切りました。その割り切った冷酷さと、「クビにしたけりゃいつでも！」という居直り感が、社会における私のファイティングポーズを確立したといってもよいでしょう。

それから、**ことあるごとに「いつか死ぬんだから！」と思って、物事により積極的に臨むことが多くなったような気がします。**その後、会社が関わっていたある不正とも徹底的に戦い、「こんな会社からもらうボーナスなんかいりません」と、ボーナス放棄をして、そのままサッ！と後先考えずに会社を勢いよく辞めたことも、今でも誇りに思っています。

もうひとつ得たものがあります。それは「やりたいことを仕事にする」という、自由すぎる私の生き方です。それこそが、その10年近く後にデビューする〝著述家〟としての生き方における最強の武器となったのです。

父は本を70冊近くも出し、やりたいことを仕事にし、不自由なく暮らしている私を見て、「言いたい放題書きやがって！」と言いながらも、満面の笑みになっていると思います。

16歳のときに「会社員なんかやりたくねえんだよ！　つまんねえ！」と暴言を吐き、思い切り殴られたあの日のことも、水に流してくれているでしょうか？――その真実は私があの世に行ってからのお愉しみです。もしかしたら、またぶっ飛ばされるかもしれませんが（笑）。

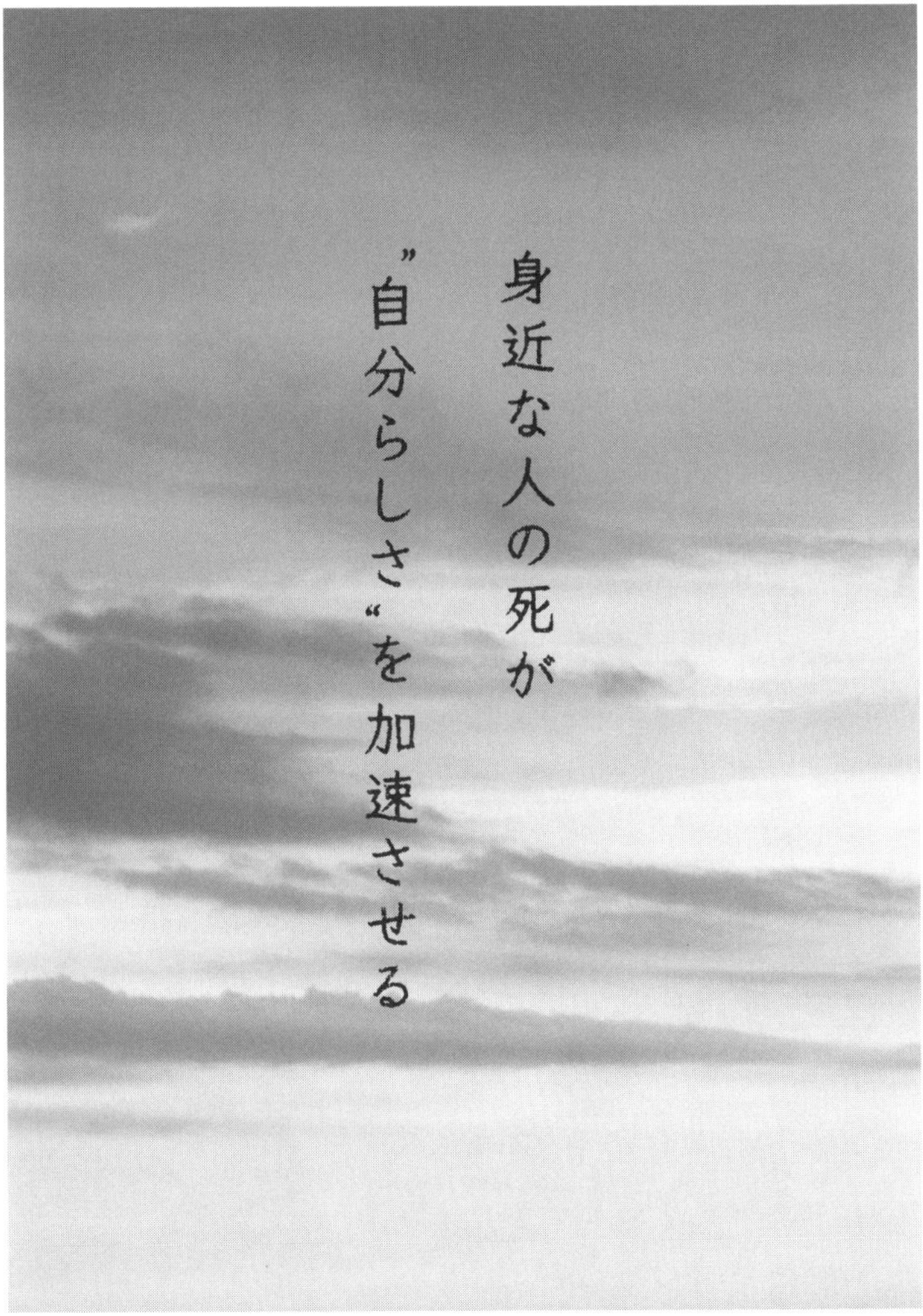

身近な人の死が
”自分らしさ“を加速させる

15

友情は時に壊れ、再び永遠になる

青春時代に友達や仲間と過ごした至福の瞬間の記憶――それを私は〝永遠の一瞬〟と呼んでいます。飲み会をしたり、旅行に行ったり、朝が来るまで語り合い、時が止まればいいと感じるほどに高揚したあの瞬間です。

〝永遠の一瞬〟は時に記憶の箱からひょっこり顔を出しては、仕事中でもおかまいなしに胸を熱くさせてくれます。友情が一生続いてゆくと永遠を感じる瞬間でもあります。

私たちは青春時代、20代にかけて、損得抜きに〝友情〟と出会い、それを〝育て〟、未来につなげるようにと努力をします。結婚式の二次会などにおいては、どんなに自分の仕事がきつくても、徹夜をして友人の一生に1回の晴れ舞台のために走り回ります。喜んでもらいたいという熱い友情だけで仕事の何倍も頑張り、あるいは自腹を切ることもあります。

しかし、長年の月日を経て築かれた友情であり、人生の理想郷的象徴だった友情が時に脆くも壊れるときがあります。このことは今、友情を一生懸命育んでいるあなたにも、覚悟しておいてほしいことのひとつです。

友情は人生のステージが変化することにより壊れ、消滅したりします。これをもっと詳しくいうと、人生にはいろいろな事情が訪れます。上司や顧客からのクレームやプレッシャーで心が壊れそうになるときもあります。あるいは思いのほか仕事がうまくいき、成功してしまったり、休む暇もないくらいに忙しくなる場合もあります。そんなときに、友人に対して言葉がきつくなってしまうのです。

さらには、仕事がうまくいかない、私生活がうまくいかないといった人が愚痴を吐いたり、悪態をついたり、酒の席で暴言を吐くこともあります。こうして関係に亀裂が入り、話し合う時間もないまま、関係がことぎれてしまうことがあります。

働き盛りは忙しいだけでなく、重責ものしかかり、日々、前向きに仕事を処理していかなければいけません。そんな時期に「ストレスをもたらす仲間」を避けることは、しごく当然のことです。

しかし、この忙しい状態も、悪い状態も永遠ではありません。必ず緩《ゆる》むときがやってくるのです。そのとき、かつて育んだ友情は誰かの声によって必ず復活します。途切れる年数は3年、いや5年、10年かもしれません。でも必ずや、誰かが復活をさせてくれるはずです。復活の兆しが見えたら、ぜひあなたも率先して加勢してほしいと思います。

失望しないでください。青春時代の友情が壊れ、深く傷つくこともあります。でも、それがいつかまた、必ず幸せを運んできてくれるのです。あなたが愛した友との絆《きずな》は、あなたが見捨てない限り、人生の後半戦で必ず戻ってきます。

どうか命をその友情のためにも使ってください。友情があなたの人生を輝かせ、あなたの命が喜びます。友情は人生そのものなのです。

本物の友情なら
いつの日か相手から
復活のボールが飛んでくる

16 孤独が人を壊す

人生を生きるうえで、「自分で自分を孤独にしない」ことが、とても大切です。孤独をじっくり楽しむのならいいのですが、孤独によって苦しむことだけは避けてほしいと思います。孤独感に苛《さいな》まれながら過ごすことは、命を無駄に使って生きることでもあるからです。

本当は友達がほしいのに、ワイワイ楽しむ仲間がほしいのに、恋人や伴侶がほしいのに……孤独でいいんだと自分に無理強いしていませんか？

そして〝リア充〟な人たちを見て、バカにしたりして孤独に酔ってはいないでしょうか？

孤独は人を簡単に〝壊し〟てしまうのです。心をいびつにし、独りよがりの迷惑な人をつくりだします。時には犯罪者をつくり、時には自死に向かわせることもあるのです。

日本の自殺者の多くは孤独感による被害者といえるでしょう。戦争をしているわけでもないのに、多くの人が孤独感に耐えられずに自らの命を絶ち、亡くなっているのです。

私たちは親や先祖びとから命を受け継ぎ、「生きることを愉しむ」ために生まれてきました。〝楽しむために〟――です。極論をいえば、この〝楽しむため〟がないのなら〝人間でなくてもいい〟のです。ただ命をつなげることだけを目的とするならば、人間以外の生き物でもよいのです。

何のためかわからない、苦しくむなしい努力、何か残している感を得られない毎日、腹の底から笑うことを忘れた日々――それらはすべて、魂が「NO!」と叫ぶ生き方です。さらには、自分で選んだわけではない劣悪な人間関係……これらがぐじゃぐじゃにブレンドされることで、私たち人間は胸に孤独感を抱き始めます。その孤独はしっかり解毒しないと、あなたの人生が危なくなります。

笑わない1日――その連続によって刻み込まれた、笑い方を忘れたようなぎこちない表情――それは孤独に殺《や》られる前兆です。

そんなとき、どうすればいいか――。

友達にメールしたり、電話したり、飲みに誘ったり、あるいは親と話したり、駅前の居酒屋でお店の人と話したり――孤独を感じて苦しいときは、そんなヒューマンコンタクトをどうにか維持してください。その中で必ず、生きててよかった……とほのかに心の中に灯がともる瞬間が訪れるはずです。

さらに、もうひとつ。孤独はしっかり処理できれば、人生をよくする起爆剤となります。

「友達を100人つくるぞ！」「素敵な異性の友達をたくさんつくるぞ！」「燃える副業仲間をつくるぞ！」「スポーツ仲間を増やしてワイワイやるぞ！」「行きつけの店をつくって顔なじみをたくさんつくるぞ」――そんなふうに〝孤独への憎悪〟を燃料にして、〝孤独に復讐〟してください。

それだけであなたは、本来あるべき命の輝きを取り戻すことができるはずです。

孤独に殺られる前に
孤独を殺れ！

17

人を信じるべきか？信じないべきか？

人生にはいろいろなことがあります。
想定外の裏切りにあったときに、誰もが人を信じられなくなります。

「信用していた人が陰で悪口を言っていることに気づいてしまった」
「頼りにしていた人にお金を使い込まれていた」
「仲良しだと思っていた人が、急に辛辣《しんらつ》なことを言ってきた」

「ビジネスの関係で裏切りにあった」

「目を見てあいさつをしたのに、無視された」

「浮気をされ、そのまま捨てられた」

「好きな人が音信不通になった」


いずれも、「もう二度と他人なんか信じるものか！」と思う瞬間です。

裏切られるたびに人は賢くなり、そして強くなり、冷静な判断力を身に付けます。やがてだんだんと人を信じなくなるのです。

しかし、ここで心に留めておいてほしいことがあります。**人を信じず、情を持たず、そして愛さない人生はとても寂しいものになるということです。傷つかない代わりに、何の感動も一体感も安心感も得られないまま一生を終えてしまうことになります。**

「人を信じるべきか？　信じないべきか？」

この問いの答えを考えるときに、思い出すべき法則があります。

それは、「他人は皆、自分とは別の人格と思考をもった存在であり、自分の幸せのために生きている」という真実です。つまり、基本的に他人は思いどおりにはならないということです。

そう考えると、少しでも共感してくれる人、好きだと言ってくれる人、「いいね！」と気まぐれでも言ってくれる人の〝好意〟がとてもありがたく感じられませんか？　**当たり前の好意はこの世には存在しません。当たり前の協力もありません。**

会社に社員が毎日出社し、仕事にいそしむのは社長や上司が尊敬されているからでは、必ずしもありません。生きるためのお金がもらえて、幸せになれるからという人が大多数でしょう。みんな自分の幸せのために働いています。

「人は自分の幸せのために生きるもの、だから自分の都合で去っていくのは当たり前のこと。だからこそそばにいてくれる人、共感してくれる人との一瞬一瞬を大事にしよう。感謝しよう」ということなのです。

あなたを裏切った相手をストーカーしたり、私有物のような大前提で文句を言い続けるのはやめにしましょう。執着がないほうが、人生はうまくいきます。

人は裏切るもの…
そう思えばこの瞬間の
愛に感謝できる

18 卑屈な自分を自分で解放してください

突然ですが、あなたに質問です。

「あなたは謙虚な人ですか？」

この問いにYESと答えた方へ、もう1つ質問があります。

2つ目の質問は、**謙虚さを通り越して「卑屈ではありませんか？」**という問いです。

謙虚さとは控えめで、つつましく、へりくだって、素直に相手の意見などを受け入れることをいいます。卑屈とは、いじけて必要以上に自分を卑《いや》しめることであり、その精神状態は時に「誰かのせいにする思考習慣」や「努力をしない習慣」につながります。

卑屈な人たちには共通の口癖と行動パターンがあります。

それは、「〜してくれないと困る」という言葉を発しがちで、基本的にすべて受け身である点です。なんでもかんでも人のせいにして、小さくキレ続けます。しかもそれが、人に不快感を与えていることに気づかないのです。

日々、自分以外の誰かの胸に不快感を刻み続け、小さな恨みを100回、1000回、1万回と第三者の心に一生残し続けるのです。これでは人様との縁を破壊し、運を遠ざけ、幸せから遠い人生を歩むしかありません。運気のいい人、成功する人、モテる人はぜったいに卑屈な人には寄り付きません。もし寄ってくるとすれば、同じように卑屈でひがみっぽい人同士が、傷をなめ合うようにして寄ってきて、愚痴を言って安心するような場合です。

しかし、まもなく卑屈な毒によって人間関係は壊れ、消えてなくなってしまいます。卑屈な者同士もまた、互いの毒のせいでうまくいかないのです。**卑屈な人は、やがて孤独の淵に立たされ、どこまでも深みへ落ちてゆきます。**卑屈になるということは、それだけ恐ろしいことなのです。まさしく自分の人生を生きられない人であり、命を無駄遣いする人といっていいでしょう。

卑屈な自分を解放する方法があります。それは「これさえあれば何もいらない！」と思える活動と出会うことです。趣味、スポーツ、仕事、何でもいいのです。ただ、そこそこ、ほどほどの「なんとなく好き」ではダメです。それをやっている間は、時間も何もかもすべて忘れてしまうぐらい楽しいことでなければいけません。

私でいえば、ＤＪを入れて昔の仲間と踊りまくったり、歌いまくったりすることであり、大好きな仲間と大好きな音楽をかけてクルーザーを操船することです。あるいは、三浦半島のマリーナで過ごすこと、さらには超満員のイベントの現場に立った瞬間であり、早朝に最高の原稿が書けた瞬間です。これらがあることで、物事がうまくいかなくて卑屈になりそうなときも、すぐに浮上することができます。

たくさん行動してやっと得た貴重な選択肢なので、私はこの活動をこの先もずっと大切にしていきたいと思っています。**ぜひあなたも「これさえあれば何もいらない！」という運命の活動と出会い、心の中の卑屈とサヨナラしてほしいのです。**

そうです。誰かのせいにせずに、あなた自らの手で変えるのです。

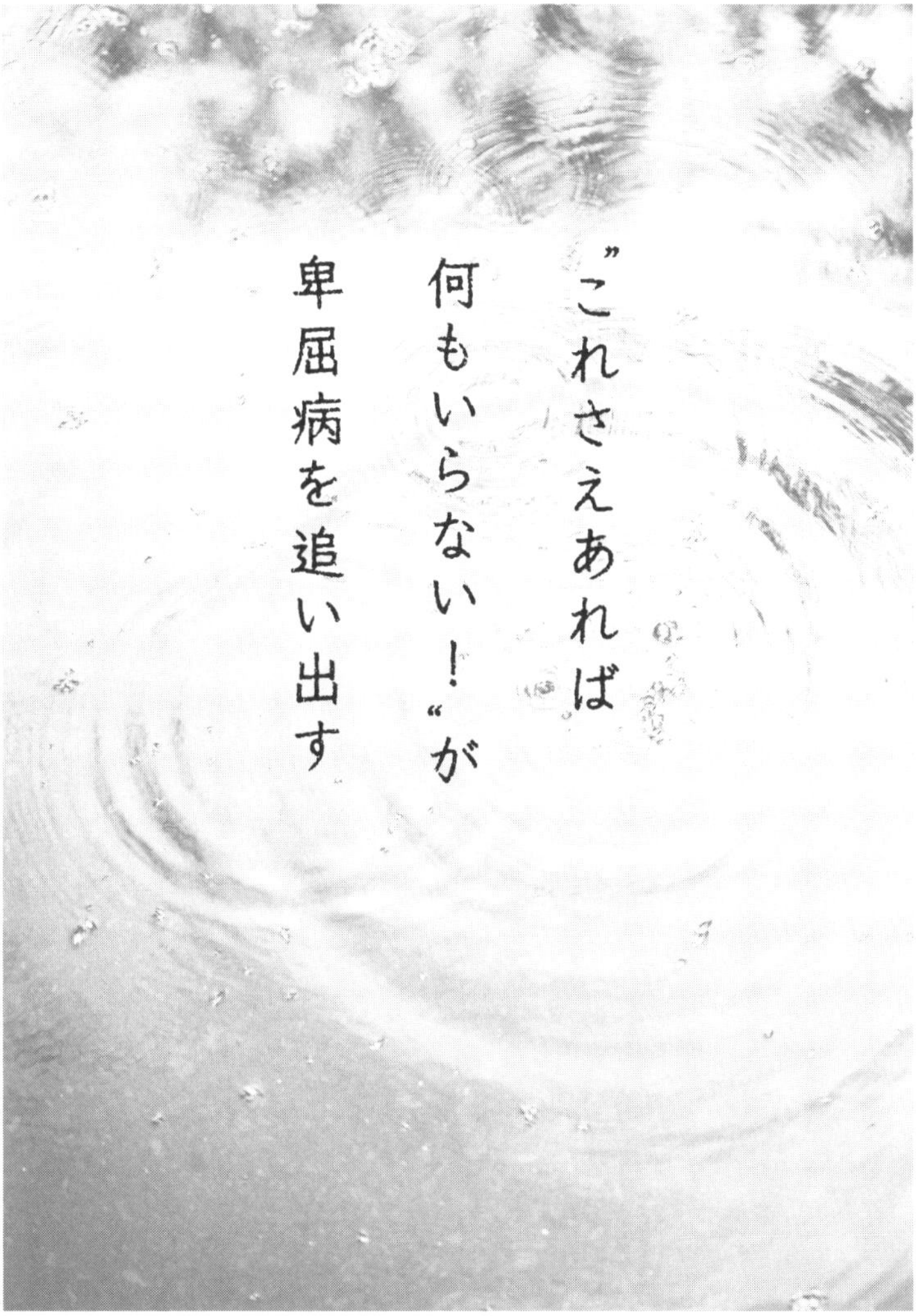
”これさえあれば
何もいらない！“が
卑屈病を追い出す

19 前向きに挑戦すれば、人生は思ったよりもうまくいく

世の中には、「挑戦し続ける人」と「挑戦を諦めた人」の2種類が存在します。

もちろん、挑戦する人の中にも「ものすごくリスクの高い挑戦を続ける人」「そこそこの挑戦を続ける人」「たまに小さな挑戦をする人」など、さまざまなレベルがあります。

挑戦しない人も同様、さまざまなレベルがあります。「緩やかな努力はするけれど挑戦と呼べるようなことはしない人」「努力を時々する人」「努力すらもしない人」などです。

私が今まで生きてきて、思うことがひとつあります。それは**「前向きにそこそこの挑戦を**

続ければ、人生は思ったよりもうまくいく」ということです。この「前向きにそこそこの挑戦」というのは、「自分が感じる限界を少しだけ超えたもの」に対し「小さな失敗を重ねながら試行錯誤をしつつ、改善しつつ継続して挑戦する」という意味です。

リスクが高すぎて、失敗したら何もかも失ってしまうような一か八かではなく、「できるかもしれないけれど、できないかもしれない」、できなくても人生が壊れないことに、知恵と体力と気力を全部使って挑戦するということです。

私自身、会社員時代に会社に秘密で社会人イベントプロジェクトを大々的に社外で行っていました。そのための事務所兼サロンを東京・港区の南麻布に設置していました。これにはまず「会社にバレたらまずい」「サロンのメンバーが集まらなかったら赤字になる」「イベントを実施して人が来なかったら赤字になる」「イベントが成功しなかったら恥をかく」などのリスクが付きまとっていました。

会社から独立するときも同様です。著作やクリエイティブな仕事やイベント、学校ビジネスでうまくいきそうな気もするけれど、まったく取引先が見つからなくて、アルバイトをしなければいけない可能性もある。子供や家族を養うための生活費を稼げなくなり、迷惑をかける可能性もあるといったところです。どれもリスクがありますが、人生が壊れるほどではありませんでした。

私の場合、「前向きにそこそこの挑戦」を続けた結果、本を70冊近く書き、自社施設も東京・目黒に建て、読者も参加可能なイベントに、のべ1万人近くを集めることができました。これは、子供の頃に想像した未来より「少しうまくいっている状態」であると考えます。

もし、「前向きにそこそこの挑戦」を続けずに、そのまま会社でほどほどに仕事をし、社外でもほどほどに遊んで過ごしていたら、今のこの状態はないのだと思います。

挑戦の恐怖を感じないような生活をしていても、人生はうまくいかないということです。それどころか、何も挑戦しない守りの生活を続けていると、いつかは取り返しのつかない恐怖と後悔と孤独に襲われることになります。

達成感がなく、分かち合える人もいない、劣等感と自己嫌悪に満ちた心を抱え、対人関係もうまくいかない——そんな人生が待っています。結果的に孤独を好むようになり、生きていることに疑問すら抱くようになる場合もあります。

私はそんなふうになってしまった人を何人か知っています。

人間はサメやマグロと同じです。動きをやめた人から、その生命力が失われてゆくのです。挑戦には恐怖が付きまといます。ここで「恐怖」と書きましたが、存在するのは恐怖の感情だけではありません。「ワクワク」「興奮」「希望」「ロマン」といった感情が心をかき立てます。恐怖をワクワク、興奮、希望、ロマンでかき消しながら、それでいてしっかりと頭の中で勝算を考え、人に協力してもらいながら、挑戦を楽しんでください。

ここで大切なことをひとつ——**人に助けてもらうには、報酬をあきらかにすることです。** 報酬はお金だけではありません。「達成感」「出会い」「社会貢献度」「興奮度」「感動」などさまざまです。それをきちんと言葉にして、協力者に伝えてください。

前向きに挑戦すれば、人生は思ったよりもうまくいきます。

「前向きな挑戦の継続」こそが、命が喜ぶ生き方といえるのです。

つま先立ちで〝小さな挑戦〟を楽しみ続ける

20

できる理由を考え続けた人と、できない理由を考え続けた人とでは10年後まったく違った人生になる

あらゆる人類の文化は「妄想」が発端である――これは不変の真理です。

もし人間が「たら・れば」で想像しなければ、私たちの文明は何ひとつ誕生しなかったといっても過言ではありません。

命を有意義に使いたいならば、妄想を続けることです。この妄想や想像なしにはあなたの人生は向上もしなければ、成功もせず満足感を得ることも難しくなります。

まずは「妄想」です。その次に「それができない理由」を並べるのではなく「実現するた

めのあらゆる方法を無責任に考えてみる」ということです。これが〝できる理由〟を考えるということです。できる理由を考え続けた人と、できない理由を考え続けた人とでは、10年後まったく違った人生になる――これは私の持論です。

人生を楽しくしたいなら、命を正しく、悔いなく使いたいなら、心の底からドキドキ、ワクワクする突拍子もないことを妄想することです。そして次に、それを実現するためのアイデアをこれまた突拍子もない発想で考えるのです。

私は東京の芝浦アイランドに「島（アイランド）の住民と外部からのゲストがつながることのできる温かい場所＝イベントを毎週開催する」という妄想を、2014年の夏に思いつきました。ただし、思いついただけでは実現するはずもありません。そこで、実現するためのあらゆる方法を研究しました。

私は著述が本業ですから、イベントは本業ではありません。ところが毎週、海辺の隠れ家レストランに〝魅力人〟が集まり、談笑する映像を思い浮かべると、興奮して仕事が手につかなくなりました。何としても実現したい！　そう思った私は実現するためのアイデアを考えました。「毎週イベントのテーマを変える」「4週それぞれのリーダーとチームをつくる」「スタッフはボランティア精神のある人だけを厳選」「自分の仕事がうまくいっている人だけをスタッフにする」「異性から好まれ、魅力的な知人友人がたくさんいる人だけをスタッフにする」「4チームが切磋琢磨して競い合う」「クチコミだけにして魅力人限定の会にする」「婚活色や恋活系の色を消す」「船を時々出航させ、地上と海とのハイブリッドイベントにする」「スタッフは厳選してスカウトし、マニュアルを使ってしっかり育てる」などの方法を試しました。

これらが、頭の中から絞り出した「できる理由」だったのです。その結果、5年間毎週イベントを開催し、開催回数230回、通算で7500人の方に参加してもらうことができたのです。

「えっ？　毎週やってるんですか？」

参加者はみな、驚きます。しかし、そのたびに私は「あのとき、常識的判断をしなくてよかった……」と噛みしめるのです。私はこの5年間の自分の命の使い方に誇りを持っています。**なぜなら「できそうもない難しいこと」を「できる理由だけを考えて実行し実現してきたから」です。**

できる理由を考え続けた人と、できない理由を考え続けた人とでは10年後まったく違った人生になります。さあ、次はあなたの番です！

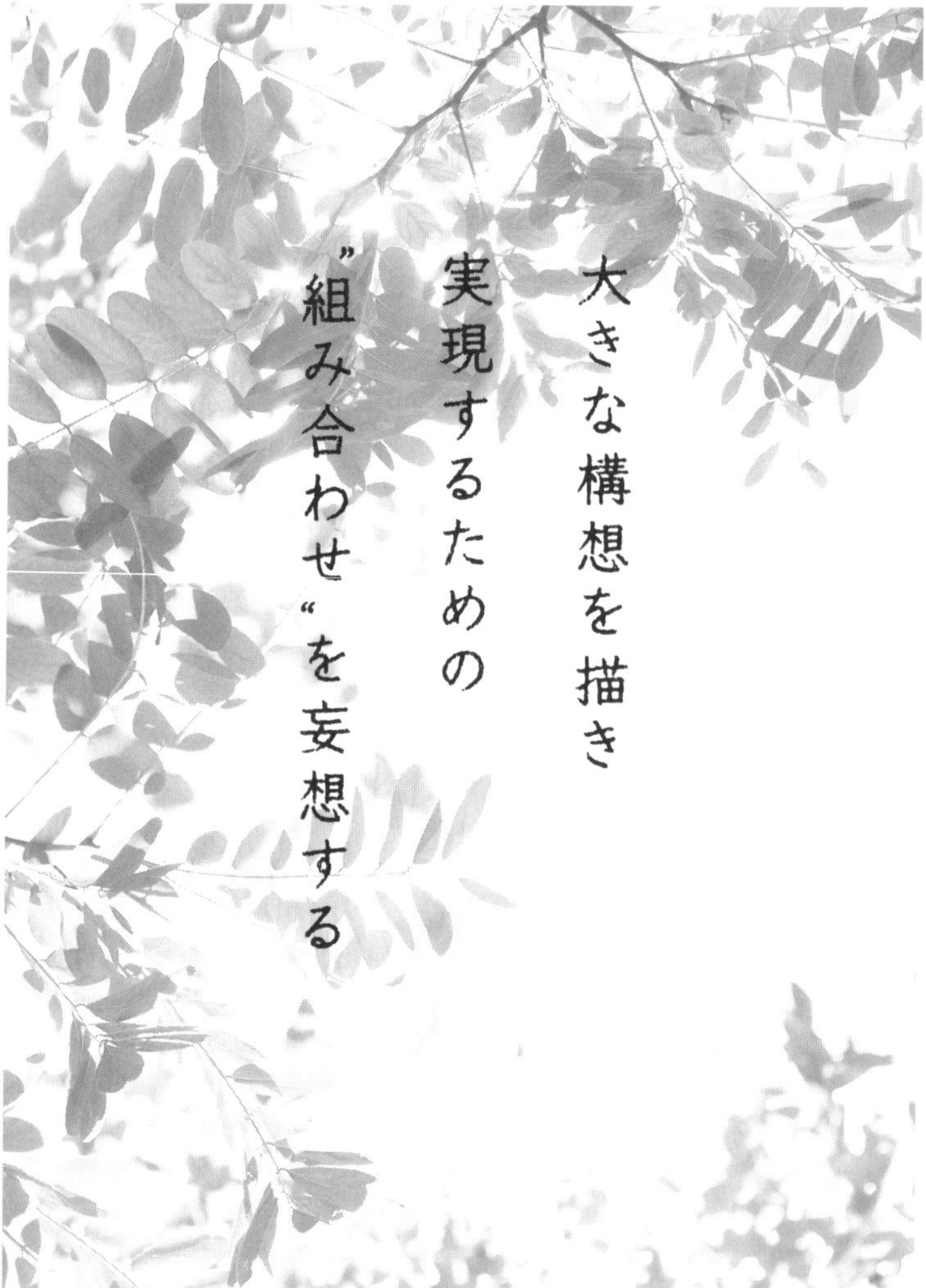

大きな構想を描き 実現するための ”組み合わせ“を妄想する

バカになるほど人生は楽しく、魅力的になる

21

「ああ、最近なんだか疲れているかも……」

そんなときに友人や仲間とバカをやってみたり、あるいは、自分の失敗談などをあえて誰かに話したりするだけで、気持ちがスーッと楽になることがあります。

これは、失敗を恐れたり、「しっかりやらなきゃ！」「自分を立派に完璧に見せなきゃ！」と守りの姿勢で神経を集中し、自分が萎縮していたことが原因です。**人生はもっとバカになって自分をさらけ出したほうが、もっと楽しくなるし、楽になるのです。**

そればかりではありません。時に〝バカになれる技能〟を持っているだけで、あなた自身、もっともっと魅力的になれるのです。まずはあなた自身が腹の底から笑うことができることで、文句なしに楽しい時間が流れます。同時に、相手や周囲の人もリラックスして楽しく過ごすことができます。

以前『バカになれる男の魅力』(三笠書房)という本を書いたのですが、これがまた、シリーズ通算で10万部を突破。どれだけ〝バカになりたい人〟が多く存在するかを物語っています。読者から寄せられる手紙や感想の中には「バカになれなくて困っています。自分の殻を破れないんです……」という言葉が寄せられました。

時と場合によって、バカになれる人はとてもスマートで魅力的な人として見られます。その逆にどんなに知性が高くても、適宜バカになれない人は魅力を十分に発揮することができません。とくに、日本人は気質的にまじめな人が多く、バカになれないことに悩んでいる人が少なくありません。

バカになることは、普段の出会って間もない人間関係にもプラスにはたらきます。ビジネス、恋愛、友人、交流会、パーティなど初対面やまだ出会って日が浅い関係の相手となかなか打ち解けられないときに、あえて過去の失敗談などを打ち明けたり、笑える範囲の自虐ネタを披露することで、一気に関係が近しくなることがあります。信頼されるために、まじめに接することも大事ですが、思いきってバカな部分を小出しにすることも、同じくらい大切なのです。

「バカになってみたい……でも、いまさらキャラクターを変えたら周囲から白い目で見られる……」という方も安心してください。**今いる場所とは別の場所に飛び込んで、そこでバカになってみればよいのです。**学生ならば、新しいアルバイトを始めてみたり、学校外の今まではは違う友人や仲間を増やしてみたり、サークルに入ってみるなどがよいと思います。社会人であれば、社外の仲間づくりをしたり、あるいは転職などを機に〝バカキャラ〟を発揮する場所を新規に設けるとよいでしょう。

私自身、一生モノの付き合いの仲間や妻、公私を共にするビジネス仲間などを得たのはすべて〝バカキャラ〟を暴露できたときといっても過言ではありません。本当の自分を知ってもらって、それに魅力を感じたり、やみつきになってくれた人が、長年、私の周囲にいるような気がします。

バカになるほど人生は楽しく、魅力的になります。

しっかりバカになれる自分を育て、命を完全燃焼させてほしいと思います。

バカキャラになれる
新天地を探そう！

22 人生は世界観が9割――自分の世界観を持ってください

世の中には2種類の人がいます。

「世界観がある人」と、「世界観がない人」です。

世界観がある人とは、どのような人のことをいうのでしょうか？

それは、**自分の仕事やプライベートの趣味、社会活動などで、自分のポリシーやテーマを持って活動している人のことをいいます。**

例えば、広告の仕事をしていて「心に残るいいCMをつくる」ことを世界観にしている人がいます。この人の場合は、人々が感動するCMを創るクリエイティブな思考で、プライベートのライフスタイルも創造的に過ごしています。

仕事で自分らしさを醸し出す世界観を持っていなくとも、プライベートで「ヨガサークル」を主宰し、いつも多くの人たちに囲まれ、美食会や瞑想ツアーなどもライフスタイルに取り入れている女性もいます。彼女の場合は「ヨガや美食や瞑想を通じて健やかな生活を楽しむ」という世界観を持つ人です。

学生でも同じことです。ただの「○○大学の学生」ではなく、自分のオリジナリティを学外の活動で表現し、世界観を生み出し、魂の居場所を創っている人です。私などはその典型例で、大学の雰囲気がまじめすぎて居心地が悪かったので、学外に壮大な世界観を表現する組織をつくりました。

自分が愛してやまない世界観を持つ人は、命を有効に使っている人といえるでしょう。

なぜそんなことがいえるのでしょうか?

それはまず第一に本人が幸せだということです。快楽ホルモンであるドーパミンが常に湧き出ています。

もうひとつあります。自分が大好きなことに共感してくれる仲間が周囲にできるということとです。人間は古来、群れないと生きられない生き物です。したがって、いつも調和された群れを持っていることが心理的な満足感や自信につながってゆくのです。

あるとき、某省庁のエリートとして働く30代男性の読者と会う機会がありました。彼の悩みはこの「世界観がない」ということでした。東大卒で省庁勤務という肩書だけがあり、仕事にも生きがいが持てず、自分には「自分を語るオリジナルの生き方やコンテンツがない」ということに悩んでいました。

「あるものといったら、勉強を頑張って、就職活動も頑張って得た〝仕組み〟に携わる立ち位置だけなんです。出会いの場所にいっても面白い話もできないし、ただの東大卒のお堅い官僚と思われるだけなんです……」

実は、このような「世界観を持たないエリート」はとても多くいます。しかし、彼らは一度世界観のつくり方を覚えると、あとは早いものです。持ち前のコミット力で「趣味で舞台を始めました！」「ワイン会を毎月開くという生きがいができました！」「船舶免許を取って小さな船を仲間と買いました！」「後輩のために日本一楽しい司法試験塾をライフワークで始めました」などと報告してくれます。

最後に、〝世界観を持つこと〟の最大のメリット――それは、人と比べなくなるという

ことです。「楽しいか、楽しくないか」「オリジナリティがあるか、ないか」。そこだけに心の焦点を定められます。

あとは、自分の世界観をしっかり表現できて、そこに共感者が集まるかどうかです。

それも、自分との戦いですね。

誰かと比べて一喜一憂する必要はなくなるのです。

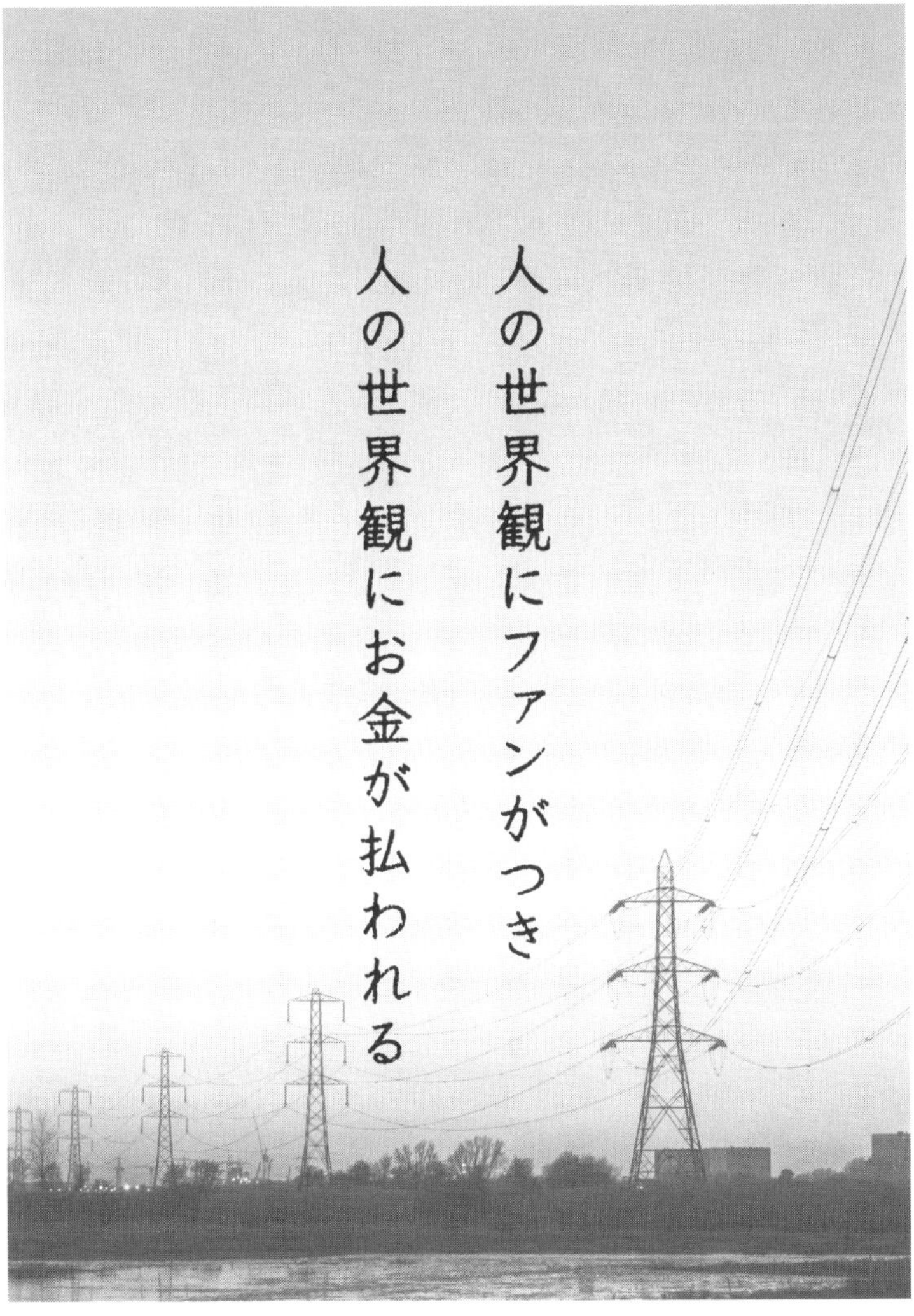
人の世界観にファンがつき
人の世界観にお金が払われる

23

先人の気迫を受け止め、命の炎を輝かせよう

昔の人々が自然の脅威にさらされたり、争いの中で生き延びたり、食糧難を乗り越えることにどれほどの気迫が必要だったかは、なかなか想像がつきにくいものです。

今から50年前、50年前よりは100年前、100年前よりは300年前、そして500年前のほうが、**今の何倍も「生きるための気迫」が必要だったことは言うまでもありません。**

生きるということは、まさに〝命がけ〟だったのです。

それに比べて、今の私たちはどうでしょう？　毎日の中で〝命がけ〟で生きる瞬間はある

でしょうか？

おそらくほとんどの人が「ない」と答えるでしょう。

もちろん仕事に真剣に向き合う人はいます。しかし、それも命の心配をしなければならないことはまずありません。そんな中で、仕事がつまらない、得意じゃない、上司がムカつく、給料が安いと毎日言っているのです。

学生の人も同様です。自分が熱くなるための体験を探すこともせず、小さな殻に閉じこもり、学校と家を往復するだけの人が大勢います。もっとダイナミックに住む場所を変えたり、憧れ感はあるけれどちょっと勇気が必要なアルバイトをしたり、あるいはサークルや社会活動に挑戦してみたり、素敵な異性がいる場所に行って自分を慣れさせ、恋と出会うべきだと思います。

私たちは、かなり低いレベルのところでモヤモヤ、ジクジク、ウジウジと悩み苦しんでいることがあります。迷路の中で迷ったときは、命がけの気迫で生き延びた先祖びとの視点で見ることで、答えは明確になるはずです。

「どう生きるべきか？」

「どこで命の炎を燃やすべきか？」

燃やせる場所が見つからない場合は、「いかに探すか？」であり、動きださなきゃ始まらないということがわかるはずなのです。

その中で、私たちがやるべきことがあります。

そのひとつが、**この「平和・自由・豊かな世」を使い倒すということです。**先祖びとがつくり上げたこの安全な世の中と、すでに開発されている便利なツールを使って、かつての人々が想像もしなかったようなスピードでやるべきことを成し遂げるということです。

新幹線、飛行機、スマホにＳＮＳ、ＬＩＮＥ、自動翻訳アプリに、健康管理アプリ、自動音声入力機能、動画編集機能に出会いマッチングアプリ――世の中には便利なテクノロジーが多く存在します。これらの中には、あなたが今抱えている問題を迅速に解決に導くテクノロジーが存在するはずなのです。

あなたはまだ、この安全な世の中と、便利なテクノロジーを使い倒し、物事に挑んでいるとは言いきれないと思います。

例えば、飛行機を使って行きたい場所に旅行をし、自動翻訳アプリで海外の人とも会話をし、動画を撮影し、編集し発信することができます。珍しいものがあれば、それを輸入して、ネット上で販売してビジネスにすることだってできます。旅先で出会った人と簡単につながり、友情や心のつながりを短時間のうちにつくり、離れていても関係を維持し、話すこともメールをやりとりすることも、会いたくなったらまたみんなで会って笑い合うことだってできるのです。

好きな人が地球の裏側にいたとしても、お互いの顔を見ながら会話ができ、顔を見ながらのプロポーズだってできますね。

このように、**今の平和と文明によって、かつての先祖びとが体験できなかったことをなんなく体験できてしまうのが私たちの特権です。**本気になれば、命の危険もないまま、彼らの何倍も充実した人生を味わい尽くすことだってできるのです。

平和と文明を使いこなすことは、彼らの命を活用し、再び彼らが生きた意味を証明することに等しいのです。思いきり、使い倒してみたいものです。

「最新テクノロジー」が夢を現実にする

24

亡き先祖びとは「自分の風」を吹かせてほしいと願っている

先祖びとの多くは、今の私たちに比べて自由ではありませんでした。彼らはあらゆる障壁からの自由を求めていました。身分制度からの自由、住む場所からの自由、病気からの自由、貧困からの自由など、さまざまです。

今、私たちは自由な時代に生きているはずです。多くの血が流れ、平和と自由を勝ち取ったはずの今がこの日本の社会です。それなのに、自分を失い、自分らしさのかけらもないまま、ただ呼吸し、食物を摂り、労働し、睡眠するだけの人が大勢います。こんな自由な時代に、なぜ生きがいをもって〝生きることを楽しむ〟ことを選ばないのでしょうか？

「生きるためには（イヤな仕事も）仕方ない」

たしかに、それはあるかもしれません。

私たちの多くは、社会に出て〝揉《も》まれる〟という過程を経て、〝生きるための処世術〟を身に付け、〝立派〟と言われる社会人になります。これは筋違いに怒る人や、嫌な人ともケンカせずに、社会のマニュアルに従い、穏便に人間関係を乗り切るテクニックを身に付け、あるいは不条理な上司に心を殺して従う術を身に付けるということでもあります。私たちはそのようなテクニックを習得することを引き換えに、会社をクビにならずに生活してゆけるのだと思います。

しかし、それにも限度があるのではないでしょうか？

〝これは違う〟と思うことを、押し付けられ、人間として間違っていると思うようなことを命令され、それでも作り笑いをし、許せないと思うことを言われつつも笑顔で毎日付き合い、ダサいことに対しても、心を殺して「素敵ですね」と言ったり――――そんな状況に陥ってしまう人は数えきれません。しかし、そういった**「自分に嘘をつく」ことの連続の人生が、あなたの人生を〝生ける屍《しかばね》〟にしてしまうことがあることを覚えておきましょう。**

私にもそのような経験があります。先ほどお伝えしたマイナス要因すべてが当てはまる会社で、毎日自分の心を殺して働いていました。〝立派な社会人〟になるためです。

入社して3年がたち、私は〝大人〟と呼ばれる立派な会社員になりました——しかし、同時に職業上で自分の好き、信条、哲学、道徳感、センス、在り方がひとつも表現できなくなりました。何ひとつ納得しないまま、日々無抵抗に耐えた結果、大切なものを失ってしまったのです。私は自分の風を吹かせ、「ビジネスで野望を抱く」という積極性をすっかり失くしてしまいました。

自分らしさ全開だった人生のすべてを捨てて、昼間の就業時間を過ごし、子供の頃に思い描いた将来像とはかけ離れたビジネスマンになってしまったのです。**日々、「大人になること」と引き換えに失った自分らしさを嘆いていました。**

その反面、社外で行っていたイベント活動では、思いきり自分の風を吹かせまくっていたので、昼間のみじめさが余計に鮮明な痛みを運んできました。昼間の就業時間の「自分の風」の風速は、当時完全に無風状態——0メートルにまで落ち込んでしまいました。

あなたにはかつての私のようにはなってほしくありません。

先祖びとはあなたにもっともっと「自分の風」を吹かせてほしいと思っています。

自分の風を吹かせるということは、自分の好きな仕事や遊び、社会活動をして、その感動を人々に伝え、誘い込み、影響を与える人間になるということです。自分の世界観をSNSなどから自分の言葉で発信することや、自分主催の集まりやイベントを開催することなども含まれます。もちろん、大好きで得意な仕事で大成功することも含まれます。

あなたが自分の風を吹かせない理由は何でしょう？

「自分なんかが風を吹かせたら、上司や、先輩や親から〝100年早いよ〟と言われそう……」そんな妄想を描いているからではないでしょうか？　世の中には過去の年長者からの否定発言により、マインドブロックがかかり、行動できない人が大勢います。

私の場合、1社目の上司の言葉「おまえなんか、どこの会社にいったって使い物にならねえよ」が引っかかっていました。ですから、2社目だった先ほどの会社を辞めることができなかったのです。「世の中、甘くないわよ、夢みたいなこと言ってないでまじめに働きなさい」。これは親の口癖でした。それもまた、不毛な職場で5年もの月日を費やすことになったひとつの原因です。

しかし、実際、会社を辞めて自分の風を大きく吹かせるつもりになってみたら、上司や親の予想や戒《いまし》めはすべて大外れ！　**本気になって捨て身でやってみたら、実際はうまくいくこ**

とが多く、自分でも驚くほどでした。私自身、うまくいっているビジネスの9割は「自分風を自分本位で吹かせた先」にあるものばかりです。出版も、講演も、イベントも、出版プロデュースもすべてそうです。

これだけは、はっきり言いたいです。

「しっかり自分の風を吹かせてください」

「もっともっと、自分らしい世界観を世の中に打ち出してください」

それこそが、あなたの本当の生き方と言えるのです。

〝立派と言われる社会人〟になることと引き換えに〝自分の風〟を一生涯失うことだけは、どうか避けてほしいと思うのです。

自分風を吹かせる時間を
1分でも長くつくれ！

25 もう充実しているフリをやめにしません？

「なぁ、この仕事、充実してるだろ？　やりがいあるだろ？」

「は、はあ……」

そう先輩に言われて戸惑ってしまった……私もその一人です。

正直、あまり充実している気もしないけれど、先輩から言われたし、前向きにとらえたほうがいいし、これが充実なんだって自分に言い聞かせてみよう……新入社員当時、そう思ったものです。やがて、忙しい仕事をこなすだけの日々が10年、20年続き、「これが充実しているってことか……」と缶ビールを片手に噛みしめる。これが、「充実しているフリ」をしているうちに充実の感覚がわからなくなってしまう人の標準パターンです。

でも、こうなった人はある意味幸せなのかもしれません。なぜなら、それ以上の興奮、感動、エクスタシーを知らない、あるいは忘れてしまったことにより、自分がどれだけつまらないかを感じることがないからです。しかし、命のリレーの先端で、誰もが感動するよい走りをしたか？というと、その答えは残念ながら限りなくNOに近いのかもしれません。

仕事が嫌いにならなかったことはよいのですが、「この仕事が大好きだ！」ということもなく、その他にもっと楽しいこともない――そういう生き方を継続しています。

しかし、これが原因となり、人生の最後に、大きな苦悩と後悔を抱く可能性があるのかもしれないのです。

名古屋の病院で内科医師として働く山本さん（女性・34歳）は、医師の家系に生まれ、幼少の頃から勉学に励み、医大を卒業して晴れて内科医師になることができました。そして勤務をして5年の歳月が流れた頃に、「自分は本当に医師の仕事をしたかったのか？」「医師の仕事に生きがいや、やりがいを感じているのか？」といったことに疑問を持ち始めました。

私が彼女の悩みを聞くうち、彼女は自分が本当は、音楽と大勢の仲間に囲まれた楽しいコミュニティをつくりたかったのだと気づいたのです。

「一度きりの人生だから、仕事以外の本当に好きなことで熱くなりたいんです……」

そんな彼女に音楽を絡めたイベントのやり方を、さっそくアドバイスしました。

すると、彼女は熱心に耳を傾け、企画を立てた後、ものすごい勢いで、会場の手配やチラシづくりに奔走し始めたのです。そしてとうとうその3カ月後、50人ほどの20代〜50代の参加者を集め、本当に音楽イベントを実現してしまったのです。

「なんだか、生きてて今まででいちばん楽しかったです！」

そう言って笑う彼女は、その活動を通じて好きな人もできたそうで、人生が一気に〝あるべき理想の姿〟に変化してゆきました。彼女は医師という立派な仕事を持ちながらも、混沌とした虚無感を抱いていました。その靄《もや》が一気に晴れた瞬間といってもよいでしょう。

何に満足するかは、人それぞれです。あなたにも「これが本当にやりたい！」ということが必ずあるはずです。もっともっと腹の底から生きがいを感じられる生き方に向かって、その一歩を踏み出してみてはどうでしょうか。充実したフリをして生きるのをやめたとたん、爽快で喜びに満ちた日々がやってくるかもしれません。

本当の充実感は
そんなもんじゃない！

26 自分らしくない時間を引きはがせ

信じられないかもしれませんが、これから話すことはすべて事実です。

今から約7年前、当時28歳だった鎌田さんという男性からある相談を受けました。

その内容というのが「勤務先の会社で、シュレッダー作業を3週間ずっとやらされ続けている」というものでした。その会社は商品の営業販売をする会社で、営業成績の悪い彼への御仕置《おしおき》として、そのシュレッダー作業をさせていたようです。

「転職したら?」

その6カ月後、彼は運よく転職することができ、その報告をしてきました。

しかしその3カ月後、またある相談を持ちかけてきたのです。

「会社の営業からはずされて、ねずみ講の会社の説明会に行かされました……その売り上げを会社に入れろと言われました……」

私は彼に**「会社を辞めて、〝自分に〟就職したら?」**と言いました。

埼玉の実家に帰り、そこを事務所にして自分の好きなことをしてお金を稼ぐことを勧めました。もちろん、バイトでもなんでも最低限は「食べるための仕事」をして、家にお金を入れ、その余った時間で好きな事業を起こすように言いました。

彼は無理に会社というものに自分を押し込めて、なんとか社会の一員になろうとして、そしてすべてその結果が裏目に出ているような気がしたからです。

「今までいちばん熱量を傾けたのは?」

そう聞くと、彼はこう答えました。

「いろんなセミナーに行き、1000万円以上つぎ込んでいます……」

それだけつぎ込んで、成果が出ていない――なんとも可哀そうな気持ちになりましたが、そこに「金の卵」が隠されていました。セミナーこそが彼の「好き」で「得意なこと」

だったのです。彼はどんなセミナー、どんなプレゼンテーションをされたら、人が高額なセミナーに申し込むのか、そのボタンがどこにあるかがわかっていたのです。また、どんなターゲットが受講するかもよくわかっていました。彼はそれを逆手に取り、本格的なビジネスセミナーを企画する決心をしました。

するとどうでしょう。初年度の売り上げは、なんといきなり5000万円を超えてしまいました。会社員としてはダメでも、こうやって自営業で好きなことと得意なことに低リスクで挑戦した結果、たちまち結果を出すタイプの人がいます。鎌田さんは会社を思いきって辞めたその先に、後悔しない命の使いどころが存在していたということになります。

自分らしくない時間を引きはがしてみる――まずはその勇気が必要になるのだと思います。**もしあなたが複数の職場で〝使えないヤツ〟というレッテルを貼られた人でも、魂の使いどころとなる場所は必ずこの世のどこかに存在します。**

だから〝自分はダメだ〟と、せっかくもらったその命を諦めずに、しっかり生きてみてください。命が終わるその日まで、輝き続ける生き方と出会ってみてください。

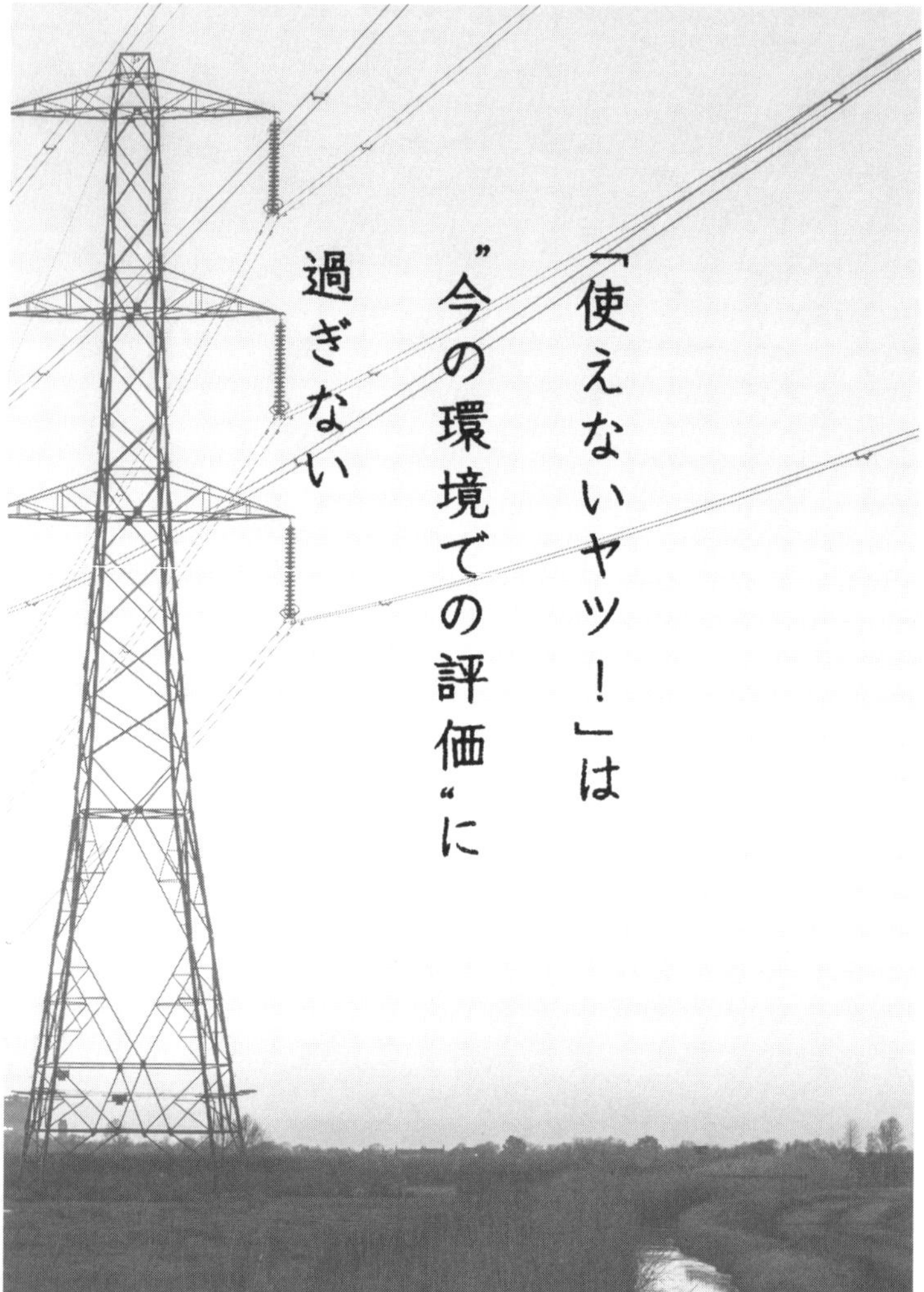

「使えないヤツ！」は”今の環境での評価“に過ぎない

冷めた顔をして生きていませんか？

27

最近、時代が〝やさしく〟なった気がします。よくいえば、人権を尊重し、侵害しない自主性を尊重する時代です。**コンプライアンスなどのルールが、とても厳しくなっているせいでしょうか、人間性というか、人当たりというか、人の在り方、佇まいがとても〝穏やか〟に〝マナー〟がよく、〝公家化《くげか》〟しているような気がします。**

街の繁華街を観察しても、最近は若者同士のグループのケンカや小競り合いなどが少ない気がします。また、クラブなどを見ても、踊って盛り上がるエネルギーが昔より弱くなっている気がします。

私が若い頃には、街の若者文化には〝バイオレンスの危険性〟があることを前提に、遊びに出ていったものです。そして、その〝アウトロー文化〟には独特の若者文化やしきたり、ルールが存在していました。

とくにバブル期の都市部においては、裕福な家庭に育った高偏差値の中高生が「ストリートチーム」といった軍団をいくつも形成し、渋谷の街でディスコパーティをしたり、ケンカを繰り広げたり、さらにはファッション的な視点で社会現象を巻き起こしたりもしていました。その他にも、たくさんのアウトローたちが街に割拠していました。

そこには〝熱量〟がありました。しかし、今の時代はどうでしょう。街はすっかり安全になり、不良と呼ばれる集団が少なくなりました。**いい意味で、はみ出すパワーを持った人たちが減ったような気がするのです。**これは、社会にとって大きな損失ではないかと思います。昨今においては、お上品にしているのがよいシチュエーションばかりです。

例えば、緩い雰囲気の朝活に行って、ひとりでガツガツ主張をするとよろしくありません。異業種交流会も同じです。名刺交換をした人に積極的に営業をかけると出入禁止になることもあります。恋愛に関してもそうです。あまり最初から交際や結婚を前提に自分を売り込みすぎると、ほぼうまくいかないものです。

しかし、ずっとずっと緩いままで、熱い志を持つ瞬間がないというのは、人生の使い方として、少しもったいない感じがします。**ゆるく無難に、なんとなく生きてしまう――それが熱量の少ない、命の使い方としては少々物足りない人生をつくってしまうのです。**

志を探し、それに気づくことで、「熱量」を体の底から立ち昇らせることができます。志は、ないよりはあったほうが断然、命を有効に使えるということです。誰でも必ず、何かの特技を使った活動や仕事で世の中を温めることができます。志が何なのかを考えることはとても楽しいことであり、人生にとって有意義なことです。

ある30代中盤の男性は、家族を養うために毎日一生懸命働き、何の趣味もないまま35歳を迎えようとしていました。毎日同じことの繰り返しで、この先の5年、10年も同じことを繰り返す気には到底なれませんでした。そこで、会社の働き方を「正社員」から「契約社員」に思いきって変えました。

収入は下がるので、奥さんに怒られることは必至です。でも彼は、離婚覚悟で切り出しました。そして何を始めたか？　かねてから大好きだった〝筋トレ活動〟を極めることにしたのです。ボディトレーナーの学校に通い、指導テクニックと集客術を学びました。そして、

「世の中の人々を美しく健康な体に導き、幸せな人を増やす」を信条に熱く心をたぎらせ、活動を開始したのです。

現在、彼の表情と物腰は別人のようなハツラツとした状態に変化を遂げました。毎月3万円の指導料を払ってくれるクライアントが10人になり、大きな副収入を得ています。彼は熱い志によって、〝生きがい〟も〝お金〟も〝自分の魅力〟も得ることができたひとりです。

「あなたは何によって世の中を温めますか？」

ぜひ熱くなれるテーマと出会って、世の中を温め、幸せにしてほしいと思います。

世の中を幸せにしたほうが、断然あなたも幸せです。喜ぶ人々の笑顔を見るのは幸せなことですし、世の中を幸せにしたぶん、彼のようにお金も、感動も流れ込んでくるのです。

熱くなるテーマと出会って
世の中を温めよう

28
理不尽な人的ストレスが頻発する場所で命を使うな

「仕事なんて、理不尽に耐えなければいけないものなんだろうし……」

世の中にはそうやって、毎日起こる理不尽なクレームに、感情を殺して向き合う人々がいます。たしかに、それはビジネスマニュアルから見ると、正しい対処法かもしれません。しかしそれは、その仕事を「波風を立てずに」「悪い評価にならないよう」こなしてゆくためのものにすぎません。

ここで考えなくてはいけないのは、**「もっと楽しく、感謝されながら、能力を発揮しなが**

ら、上機嫌で、充実した気分で一年中を過ごせる仕事はないのか？」ということです。

能力が低い、技術力が乏しい、人間性が乏しい、コミュニケーション能力が低いなど、誰にでも欠点はあるものです。しかし、もしそうだとしても、必ず誰にでも「もっと楽しく、感謝されながら、能力を発揮しながら、上機嫌で、充実した気分で一年中を過ごせる仕事」があると思います。転職経験の多い人であれば、そのことがよくわかるはずです。

「どうしてこんなにトラブル続きなうえ、理不尽に不機嫌な人と向き合わなければならないのか？」

もし今あなたが、仕事を通じて自分の自尊心がどんどん下がってゆくような気がしているとしたら？　もしかしたら、それは〝もう、その仕事に関わってはいけない〟というサインなのかもしれません。

楽しくて、能力もどんどん伸びて、感謝されて、必要以上の努力やサービスまでしたくなってしまう仕事、思わず笑顔になってしまう「自信につながる仕事の在り方、携わり方」をいち早く見つけるべきだと思います。

まだ出会ってない人は、その仕事に出会うまで、探し続けてみてください。いちばんよくないのは、「つらくて、成果が出なくて、理不尽に怒りをぶつけられて、筋が通らない人、悪意の人がいて、給料が安い職場」において何年も耐え続けることです。

もし今あなたが、他の仕事にシフトしてもいいという選択肢を持っているのなら、当初は年収が下がったとしても、そっちへ移るという選択肢もあるのではないでしょうか。少なくとも、いつ移ってもいいような準備を始めるのもよいでしょう。

「理不尽な人的ストレスが頻発する場所では命を使うな」ということです。

能力や成果は数値化できます。しかし、人的ストレスは他人による思い込みや思考の暴走によって生じます。その結果、意図的な悪意、責任転嫁、逃げ、感情の暴走へと発展し、あなたを包囲しようとします。時に「道義」を飛び越えて「従わざるを得ない不可抗力」として襲いかかってきます。あなたの道徳心や善意に付け込んだ〝不本意な災難〟として降りかかってくるのです。

先人が悲しまないように、しっかり命の使いどころを考えてください。我が子を働かせたくない……そう思うような場所に、あなた自身も居てはいけないのです。

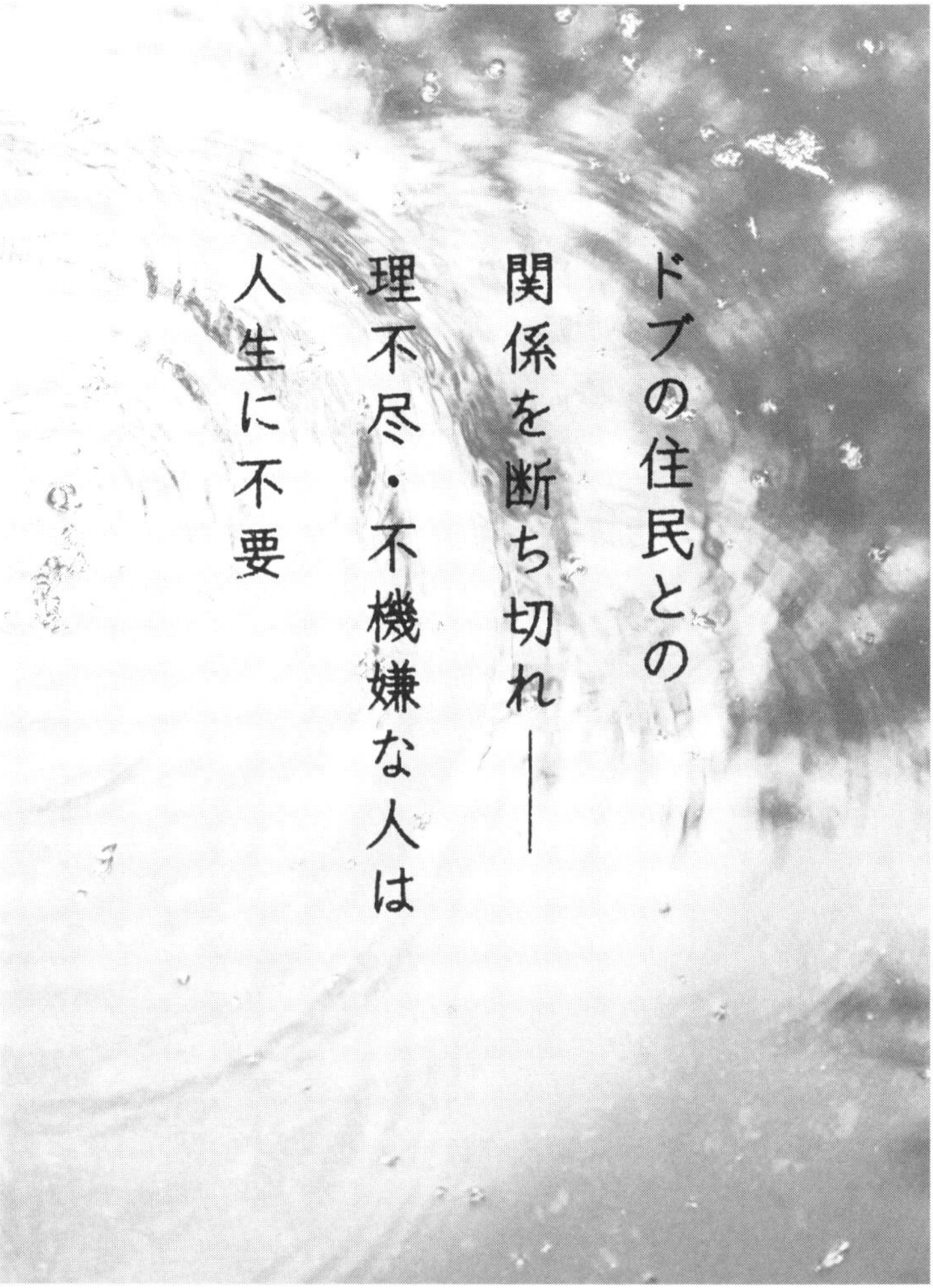

ドブの住民との関係を断ち切れ――理不尽・不機嫌な人は人生に不要

29

死ぬことはいけないが、死んだみたいに生きてもいけない

「会社は安定していて、人間関係のストレスもない、給料もこのまま一生もらい続けられるだろう……でも、つまらない……」

安泰を求めて人は生きるものですが、あまりにも刺激が少ないと、やがてそれがストレスになってしまうことがあります。周囲からは「安定していていいですね」と言われても、自分自身としてはちっとも幸せではない……。

あなたは大丈夫でしょうか？

この状況に気づけない人もいます。あるいは、この状態が〝まずい状態〟であることを認識しながらも、そこから脱出することを真剣に考えられない人もいます。双方とも、命をあるべき姿で使っているとはいえない状態であることは確かです。

大手メーカーに勤務の取締役総務部長の門脇さん（男性・52歳）は、日々の安定とその肩書とは裏腹に、つまらない毎日を過ごしていました。私はそのことに数年気づかなかったのですが、ある酒の席での一言でそれが切実であることを知りました。

「いやあ、つまらないいんだよね。この仕事は……」

酔った勢いもあってか、語気を強めてそう言いきりました。

でも、門脇さんはあることをしていました。モデルの副業です。誰でも知っている大人向けのファッション誌のモデルを、モデル事務所に登録したうえで、副業としてやっていたのでした。SNSには、カッコよく決めた門脇さんの写真がたくさん公開されていました。

門脇さんはこのモデル活動によって、「死んだように生きる毎日」から脱出していたのでした。たしかに、写真の中の門脇さんは目も表情もイキイキしており、「これこそ生きる場所だ！」といったような様子でした。

外見も含めた自分の持っている特技や、好きなことをすることによって、イキイキと生きる時間を謳歌する――これぞまさに「死ぬときに後悔しない生き方」のひとつであるといえるでしょう。死ぬことはいけない。だから生きながらえる。でも、そうかといって死んだみたいに生きてもいけないのです。

安定した職場生活と引き換えに襲ってくる〝猛烈な退屈さ〟に無抵抗ではいけません。セットで襲ってくる〝心の仮死状態〟から脱出しないといけません。

それを実現するために、〝第三の活動〟を選択すればいいのです。

ここでいう第一の場所とは「家」のことです。第二の場所が「会社（学校）」であり、第三の場所がその間にある「活動の場」ということになります。

人生の最後で次世代にバトンを渡すときに「自分の人生はこんなはずじゃなかった……」と後悔する前に、なるべく早く、できれば今すぐ、元気なうちに〝命の躍動〟を取り戻してほしいと思います。

仮死状態の心を蘇生させる〝第三の活動〟を！

30

「魂が喜ぶ副業」と出会うだけで未来は開ける

私たちは、いつも好きなことを仕事にして、ワクワクと楽しい仕事に携われるとは限りません。もしかしたら、そんな人は一握りなのかもしれません。誰もが嫌な仕事、あるいは好ましくない人間関係の中で働かなければいけないときがあります。

気持ちを殺して耐え忍んで働いた経験が、あなたにもあるのではないでしょうか？

例えば家族を持った人は、職場が嫌だからといって転職したり、独立したり、そう簡単にその職場を辞めることはできません。何がなんでも子供を育て、社会人になるまでは、食費、住居費、学費、そのほかを稼がなければならず、多くの人は、何かしらガマンをしてでも働き続けるのです。

この美しい滅私の努力を、日本の会社員はある意味、勲章にして日々の労働に身を投じ続けます。あなたの親、祖父母、その前の先祖びとの中にも、そうやって生きてきた人が少なからずいたでしょうし、あなたもまたそのひとりなのかもしれません。

私は幸いなことに現在、自分が「好きで得意なこと」だけを仕事にしています。その恵まれた環境の中で、成人が近い子供2人と妻1人を養っています。

私の仕事は書籍向けの執筆と、経営者向けの出版プロデュース、ライティングの学校、読者や一般の方を対象にしたイベントです。イベントのテーマは「生きることを楽しむサードプレイス」と「生きることを楽しむ」です。副業発見のための勉強会や各種副業の講習会も行っています。

なぜ今これらのことができているかというと、ある秘密があります。かつて会社員時代に、本当に好きで得意なことを副業として行い、できる限りの助走をしてきたからです。

当初は副業禁止の会社員でしたから、やれることは限られていました。それでも「好き」で「得意なこと」にこだわり、それを自分の意志でワクワクしながら「社外で」行うことに集中しました。

副業を単に「老後のためにお金をためる」とか「今足りない生活費を埋め合わせるため」のものではなく、**「最強の自分をブランディングするため」「ほんとうに誇りが持てる自分を世の中で表現しながらお金を稼ぐため」**に行っていました。

ですから、その後、社長と考えが合わずに会社を辞めることになった後も、「何をするか？」と迷わずに、すぐに個人事業主として「大好き」で「得意なこと」に着手することができました。その後、1〜2年はなかなか食えずに大いに苦労もしましたが、以後は20年近く「大好き」で「得意なこと」だけを仕事にして生きています。ですから私は稼ぐために、自分を殺して会社で仕事をする気持ちと、好きで得意なことを仕事にして生きる気持ちの、両方がわかります。

会社員時代は取引先の偏屈社員から、いわれのない侮辱を受けて耐えたこともあります。上司にムカついても、お金をもらっているからと割りきって、ただただ生活費を稼ぎ続けました。

でもその半面「いつかは、この状態から抜け出してやる！」と思い、社外で副業として大好きなイベントや、執筆活動を行っていました。

今の私があるのは、「大好き」で「得意」な副業をやっていたからです。あなたにもぜひ、大好きで得意な「副業」を見つけてほしいのです。**何が好きかわからない人は、いろいろな世界に首を突っ込んで、遊んでみてください。遊びという「感情と感性の開放体験」の中から、自分の好きに気づくことができるのです。**

好きな仕事――まずは、それがどこにあるのか探すことから始めましょう。それを探すために、許せる限りの時間を使い倒してみてはどうでしょうか。それもまた、バトンを握り、命のリレーを格好よく全うする手段のひとつといえるのです。

副業は最強のブランディングになる!

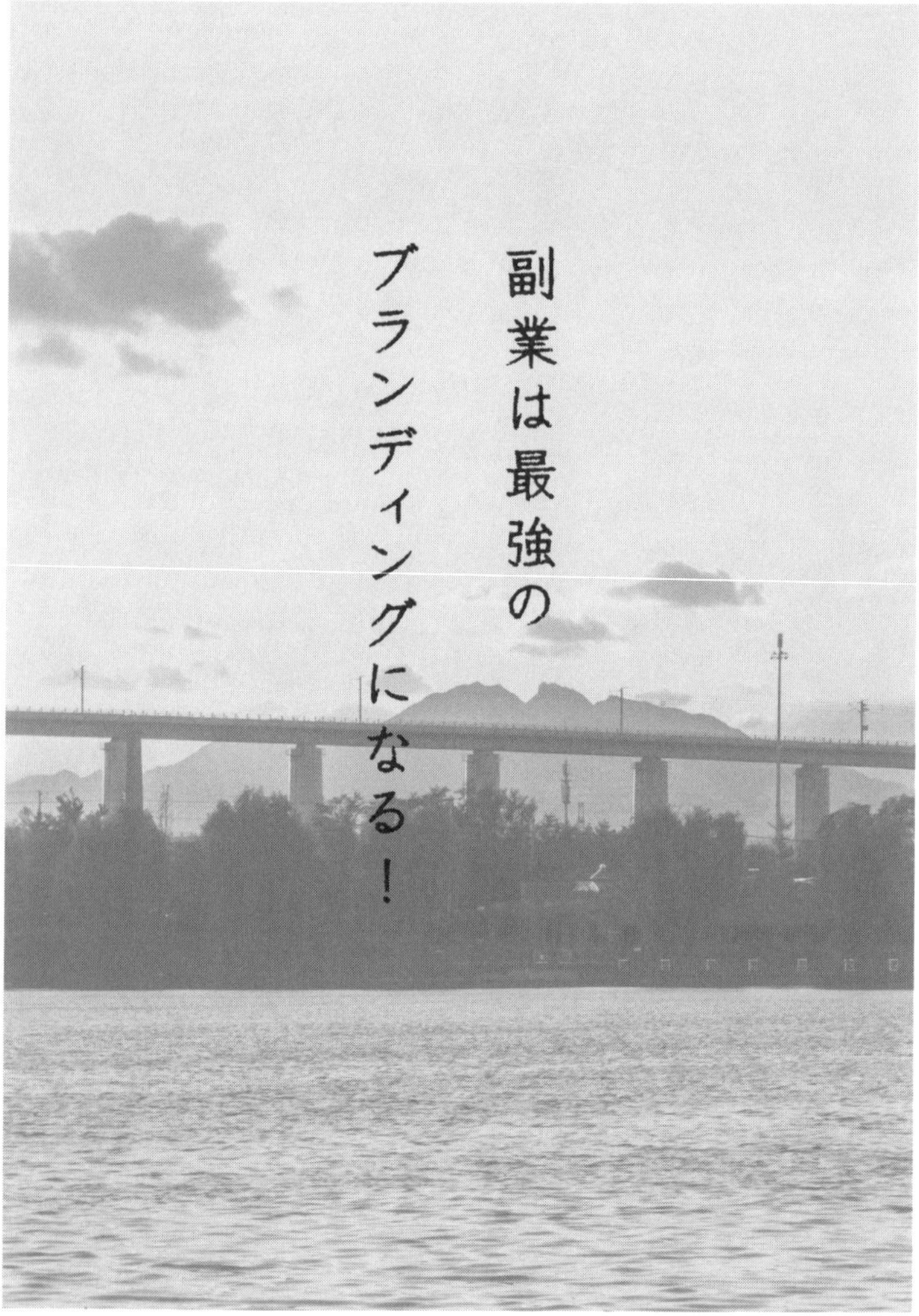

31 誰かに痛めつけられ、やられっぱなしじゃいけないのです

職場などで、不本意に誰かから言葉の攻撃を受けたとき、あなたならどう対応しますか？毎回傷つきながらも、我慢するでしょうか？

もちろんあなたに落ち度があって、相手が迷惑している場合なら仕方がないでしょう。でもそれにしても、常軌を逸した攻撃で誹謗中傷がひどすぎる――――そんなとき、あなたはどうするでしょうか？

1回や2回は、冷静に我慢してもいいと思います。でもその後は、その悪しき流れを断ち

切るためにどうか戦ってほしいのです。その状態があたりまえになる前に反旗を翻《ひるがえ》し、反乱を起こしてほしいと思います。

世の中にはいろいろな人がいます。

物事の捉え方がおかしくなっていて、あるいは無知すぎて、感情に任せていろいろなことを言う人がいます。この手の人は、すぐに潔く非を認める人や、ミスを人のせいにしない人に、どんどん厚かましくつけ込んできます。

被害妄想が強く、仕事でも恋愛でも友達関係でも〝人のせいにする思考癖〟の人です。彼らはそれが人格の一部になってしまっているので、いつでも躊躇《ちゅうちょ》なく人を責められるのです。あるいは根っからの〝狸《たぬき》野郎〟で、保身のためにそうしてきたりします。

どうか、そういう人と戦う勇気を持ってほしいのです。ひとつは自分のため、もうひとつは世間のため、もうひとつは、あなたに命をつないでくれた先祖びとのためです。死んでいった先代や先祖びとたちは、あなたがそんな不条理な状態で虐《しいた》げられ続けることに強く憤慨しています。相手が先に不条理な攻撃をしてきたのだから、遠慮なくしっかり蹴散らしてほしい――そう思っているに違いありません。

そのためには、防波堤と武器の2つが必要になります。**防波堤は〝程よい無視〟です。攻**

撃的なメールなどは、程よく無視します。そして自分の心をしっかりと持ち、表面的であれ好意的に接しないという「放置の精神」を持ちます。さらに相手が攻撃してきたら、「この際はっきり言っておきますが……」と断ってから「言うべきこと」を大胆に端的に、ややマウンティング気味に言い切ります。あなたの立場や、その後の評判を考えたときの恐怖に負けないように、勢いをつけて言い切ってください。

胸を張って誇りを持って生きるために、時にこんなふうに戦ってください。

私にも何度か経験があります。あるＩＴ企業に勤務しているときのことでした。

重箱の隅をつつくことに酔っているような先輩がいました。その先輩に、思いきって振りかぶり、圧倒的な迎撃をしたことがあります。敬語も何もかも捨てて、最後は「ケンカを売っているだけなら表へ出ろ！」とフロア中に響く声で怒鳴りつけたことがあります。当然、ひんしゅくは買いましたが、その後、イビリは二度となくなりました。私はそのことを非常識だと言われようと、今でも２００％誇りに思っています。

先祖びとは、今のあなたの何倍も戦っていました。もっともっと命がけの状態で、なりふりかまわず、時には人間の持つ最大限の攻撃性と戦闘能力を発揮していたのです。戦《いくさ》や一揆《いっき》や、あるいは治安が悪い時代に暴漢、さらには獣に襲われたときには「相手を殺《や》らなければば、自分が殺られる！」と本気で目の前の人や獣を殺そうとしてきたでしょう。相手の攻撃により、深手を負い、それでも命をつないで生きてきた人たちが、あなたの血筋にも数え切れないほど存在していると思います。

私たちの中にも、それらの記憶は刻み込まれています。

「あなたは今、戦うべき時に戦えていますか？」

本来戦うべき時とは、命が危険にさらされたときでした。

現代に生きていると、「命の危険」に遭遇することはほとんどありません。しかし、それでも「魂を売ってしまう瞬間」があります。魂を売る瞬間は、ある意味「死」を意味します。そんな死に癖がついていないでしょうか？

先祖びとたちは、みじめにならずに、しかるべきときに、ちゃんと戦ってほしいと思っているはずです。

戦えない人は時に
”つけこまれる“

32

その稼ぎ方・働き方じゃなくてもいいのでは？

「仕事場で人間関係のストレスを抱えたまま、必死で苦しい調和を保ち続ける……」

「合わない職種に配属され、成果が出ない苦しみを味わい続ける……」

そのような経験があなたにもありませんか？

しかし、多くの人はそれでも、その職場を辞めようとはしません。

誰もがその状況に耐える理由——それはお金です。人は生活費を稼がなければ生きてゆけません。育ち盛りの子供がいる時期などは、何がなんでも、職場で気持ちを押し殺してでも稼ぎ続けなければいけません。世の中には、そんな会社員が数えきれないほどいます。あるいは、フリーランスや個人事業主の下請けの人も同じです。

しかし、よく考えてみてください。

そもそも、その金額を稼がなければいけないのでしょうか？

自分らしく、幸せに生きるためには、本当にその金額は必要なのか？

もしかしたら、**それほど稼がなくても、もっと朗《ほが》らかに、はつらつと、健康に、心に毒の塊《かたまり》を抱えない生き方がほかにあるのかもしれません。**

今よりも、理屈抜きに居たい場所、包まれたい空気、感じたい感情があるはずです。それらを得ることを、あきらめないでほしいと思います。お金のために苦しい道を選び続けている——もしそうならば、あなたの命が泣いています。

この先、あと何年のあいだ、あなたは嫌々、やりたくもないことに時間と労力を費やすのでしょう？　向き合いたくないことで、心をすり減らし続けるのでしょう？　今の人間関係を続けるのでしょうか？　一緒にいるだけで自尊心が萎縮したり、筋違いな我慢をしなければいけない人と時間をともにし続けるのでしょうか？　恩義があるから？　約束したから？

でも、本当は、あなたが命を使うべきは、そんな感情を抱くためじゃなかったはずです。

今ほど稼がなくても幸せになれる「働き方」「生き方」を考えてみませんか？


「正社員を辞めて契約社員になる」

「18時に終わる仕事を選ぶ」

「年収700万円を450万円に下げる働き方に変える」

さまざまな方法があると思います。


もっともっと魂が悦《よろこ》ぶ場所、仕事、人……に命のエネルギーを使ってほしいと思います。

何代もせっかくつないできた命を、もう他人に都合よく使われるのはやめにしましょう。

この広い地球上には、本来のあなたを受け入れる場所があります。あなたが一緒にいるだけで幸せになる人々が、この地球上のどこかで、あなたと出会うのを待っていますよ。

命のバトンを最も自分らしく、幸せな走法で渡す――それが命のバトンを握った人が真剣に考えるべきことなのかもしれません。

まだ命をすり減らして
お金を稼ぎ続けますか？

33

転職は現代の「リアル輪廻転生」

今の世の中には、「転職」という便利な手段があります。

もし、この制度を100年、300年、あるいは500年前の先祖びとが見たら、どう思うでしょう？　おそらく「そんな便利な手段があるのか」と驚き、うらやましがるはずです。しかも、それを仲介してくれる業者までいて、いつでも好きなときに働き口を変えられ、衣食住に困らない最低限のお金をもらえるということを、きっと目を細めて喜ぶに違いありません。

昔の人は、そう簡単に職業を変えることはできませんでした。土地のしがらみもあって、商売や農耕、あるいは職人、そして武士もなかなか思うようにはいかなかったからです。江戸時代の武士の転職は難しく、家柄によって禄高や役職も世襲制でずっと同じだったとされます。商人も農民も同じで、ほぼ世襲制だったとされています。よっぽどバイタリティと能力に満ちあふれているか、はみ出し者でもない限り世襲の壁を壊すことは不可能とされていました。

もし、今の仕事に疑問を感じていたら、人生の最後に後悔し、苦しまないためにも、思い切って働く環境を変え、次なる新天地に思いを馳せてほしいと思います。

もちろん、デメリットもあります。退職金が減ったり、転職した先での人間関係がさらに悪化したり、といったものです。しかし、その逆に「今よりも合っている仕事」に就き、今よりもやりがいを感じながら、よい人間関係の中で過ごせるかもしれないのです。

より自分に合った環境の中で働けるということは、何より幸せなことです。今までの悪い流れをいったん断ち切ることができる点もメリットです。

まさに「仕事の生きなおし＝輪廻転生」です。いままでのイマイチな評価をなかったことにし、またゼロからスタートができます。これは負の連鎖をいったん断ち切り、よくない他者評や自己評価をリセットできるということです。新しい仕事に、謙虚に学ぶ気持ちで、前向きな気持ちで向き合うことができるという意味では、とても生産的といえます。

私も転職の経験がありますが、そのたびに新しい自分に生まれ変わってきました。転職のたびに「よりよい働き方」を得ることができ、ステップアップを図っていったと思います。「苦手なもの、不得意なものに近寄らない」という知恵もついていったような気がします。世の中は、不得意で嫌いなことで成功できるほど甘くないといった教訓も得てきました。この点でも、命の使い道は「自分らしい道であるべきだ」ということを確信してきました。

そのような転職であれば、先祖びとも必ず喜んでくれるに違いありません。ひいては、あなたの魂の喜びにそれはつながってゆくはずです。

天職に就けるまで
転職を恐れない

34
何をやめ、何を始めるのか？

「古いものを手放したときに新しいものが流れ込む……」

世の常として、そのように言われることがあります。

「何かをやめないと、新しい有益なものは流れ込んでこない。だから上手に〝やめ〟て、あるいは〝手放し〟て、そこに新しい有益なものを呼び込みましょう……」。そんなセオリーを説いたものです。

日本ではとかく、「地道な努力」が正しいこととして捉えられがちです。しかし、そのせいで、成果の出ない努力を継続したばかりに、無益、あるいは有害な状態が深刻化することがあります。このセオリーは、それを避け、もっと有益なことに時間を使ったほうがよいという考えに導くものでもあります。

何かをやめる勇気――それもまた「有限な命を有益に使うため」に必要な勇気といえるでしょう。ただ単に命のバトンを次世代につなぐということではなく、精いっぱいの成果を残し、達成感に満ちた人生を走りきるためにも、大切な考え方だと思います。

「レギュラーになれず苦しいだけの部活をやめる……」
「ときめきがなく、人生の成長につながらないアルバイトをやめる……」
「充実感を心の底から感じられないサークルをやめる……」
「儲からずに赤字続きの事業をたたむ……」
「ストレス満載の恋人関係や夫婦関係をあきらめる……」
「給料が安く、人間関係が劣悪な会社を退職する……」

やめる勇気を持つこと、そしてやめた後に、人生にとって有益なことをする――それこそが、命を本当の意味で有効に活用することなのかもしれません。

私にも同じような経験があります。

志をもって、任務についたＩＴ会社を思いきって辞める決断をしたことがあります。創業時に役員にもなり、会社の業績が悪いときには個人でお金を借りて会社に入れたりもしました。オーナーとは一心同体、運命共同体の誓いをし、業務に一生懸命あたりました。ところが次第に、会社の経営方針や、オーナーの人間性に対してどうしても納得できない心理状態となってしまったのです。

おまけに会社の業績は悪化し、会社の雰囲気も次第に悪くなってゆきました。オーナーの方針や人柄には納得いかないけれど、こんなときだからこそ、「なんとしなければいけない！　ここで逃げたら男がすたる！」――そう思った私は、オーナーとの軋轢を抱えながらも、仁義を貫くために退職の選択肢は持っていませんでした。

ところが、その仁義を破るときがとうとうやってきました。

友人からのあるひと言が、私の命の使い道を大きく変えました。

「外から見ていて、実に人生がもったいない。辞めるべきだ。もっと得意技や人脈を活かして頑張れることがあるはずだ」

そのひと言で私は目が覚めました。

会社を辞めた直後は、「また会社を辞めてしまった……」と大きな喪失感に駆られました。しかし、その代わり、私はとてつもなく大きなものを得ることができました。〝本気の人生〟です。今までの10倍くらい本気で働くことで、かつてない興奮と達成感を得ることができたのです。

たった1人しかいない小さな会社法人の代表として仕事を始め、そして恋愛や人生のことを書くエッセイストとしての「本気の仕事」を手に入れました。そして、自分の意思で前向きな、ぐじゃぐじゃ状態になりながら、その2年後、1冊目の本が出版されることになったのです。

そこから私は2019年までに69冊の書籍を出し、累計168万部を売り、周辺事業を行い、自社施設まで建設するに至りました。

「もしあのとき、IT企業を放棄しなかったら？」

……今頃どうしていたかわかりません。

私は時に転びながらも一生懸命、自分の足を使い、自分の走り方で、命のバトンを持って走り続けました。

何ひとつ悔いはないですし、誇りを胸に進んできました。

「何をやめ、何を始めるのか？」

その選択と決断次第で、人生の後悔は何十分の一かに小さくなり、幸福は何百倍にも膨れ上がるのです。

努力は「好き」で「得意なこと」で“しか”してはいけない

35 親の呪縛を解き捨ててください

我が子の生涯の幸せを願わなかった親などいません。あなたの親もまた、世の親と同じく、あふれんばかりの愛情をあなたに注いできたはずです。

しかし、親の愛は、必ずしも子供にとっていつも喜ばしいものとは限りません。**あなたが不完全であると同じように、あなたの親も完全ではないからです。**

人によっては意見を押し付ける癖があったり、否定癖があったり、気持ちを理解しない親であったりもします。あるいは、子供の考えを受け止め、それを創造的に広げたりができない、余裕のない親であったりもします。

また、親は自分が経験してきた範囲でしか、子供に知識や経験を話してあげられません。知識や経験が少ない、あるいは社会経験が少ない、成功体験が少ないなどの傾向があれば、その範囲内でしか、子供と対話をすることができません。

親からすれば、精いっぱいの愛情を注いだとしても、子供からすれば、親のことを「視野が狭い」「感情のコントロールができない」「面白くない」「尊敬できない」「この考えに従っていては自分は成長できない」などと感じてしまうこともあります。

そういう場合は、親に対して少し冷酷になることをおすすめしたいです。

親の呪縛をうまくほどき、距離をとる。あるいは、正面から衝突し、自分が輝くための生き方を選択しなければいけない場合もあると思います。

一時的に親に背《そむ》いたとしても、あなたが選んだ学びと経験を経て、自分らしい幸せな人生を歩み、身を立て、あなた自身が幸せになり、その後に親孝行をすれば、それは巡り巡って親の幸せになります。

私自身が、まさにこの典型例でした。

親からの押し付け、否定、気持ちを理解されない状態、暴力――少年時代はそれが毎日でした。それもあってか小学生の頃、私は生きていることに毎日罪悪感を抱いていました。いつも心に霧がかかり、晴れやかな心で過ごした記憶がありません。怒られることや殴られることが前提の毎日でした。

その結果、悪戯《いたずら》、芸術方面への傾倒、何かを振り払うような刺激的行為への逃避、10代前半からは家庭内暴力、校内外での暴力など非行といわれる方向へも身を投じ、パトカーに乗せられたりと、さまざまな歪みを抱いたまま生きていました。いつも「自分が自分ではない」ような、違和感の中でずっとずっと生きていました。実は10代後半まで、能力を本気で出しきった記憶がありませんでした。

しかし、人は変わるものです。親元を離れてから人生はガラリと変わりました。反抗を前提に生きていた心がガラリと変わり、すべてをまず、素直に受け入れる自分へと変身しました。親と会わなかった3年の間に、私はいろいろなものを吸収し、子供の頃になりたかった理想の性格に変わりました。結果、理想の生き方も手に入れられたのです。

親から離れる、呪縛を振り払うことによる「生きなおし」は誰にでも可能です。それにより、自分の殻が破れ、あるべき姿の自分になるための気づきを得られるかもしれません。

一度きりの人生を完全燃焼して生きるためには、冷酷な切り離しもときに必要になると思います。

親には感謝をしなければいけません。恩も返さなければいけません。親不孝者は甘ったれです。でも、親への感謝を〝魂〟が拒絶してしまう場合は、期間限定で「甘ったれ」になっていいと思います。

世間の常識は関係ないのです。殻を壊して自分の心を守ることが先決です。

どうか、親との関係が原因で生きにくい人は、自分の人生のために、巡り巡って親のために、一定期間、親との関係を遮断し、明確に距離をとって生きてみてください。

親から離れた瞬間
才能と運気が花開く

36 異性に振り回され恋愛で傷ついた〝みじめさ〟を脱ぎ棄てるのです

「好きになった人に振り向いてもらえない……」

「相手にとって都合のいい関係で振り回されている……」

「浮気をされて傷つき、ずっとずっと相手を恨んでいる……」

「とにかく異性からモテなくて寂しい……」

そんな悩みを抱えている人が大勢います。

私はかつて、恋愛エッセイ本を多く書いていました。男ゴコロの読み方の本を出していたせいで、恋愛相談をメールや講演会で受けることが多くありました。実に多くの女性が、あるいは中には男性までもが〝叶わぬ恋〟に振り回され、苦しみながら過ごしています。

もちろん〝女性が男性に振り回される〟ケースが圧倒的に多かった記憶がありますが、中には手ごわい女性と恋をしてしまい、女性に振り回されている男性もいました。

出会って、仲良くなって、2人で食事に行って、恋の予感のする友達同士になって、相手に好意を持ってしまい、相手もまんざらではなく、でもその「まんざら」がどのレベルなのかわからない――「遊びの関係」なのか「本命候補」なのか？　この「まだわからない状態」で、酔った流れで2人がお泊まりしてしまうことがあります。ここで一方が遊びのつもりで、もう一方が本気だった場合に「恋愛事故」が起きてしまいます。

本気じゃなかったほうは「騙《だま》した側」となり、本気だったほうは「騙された側」として落ち込んだり、悲しんだりします。そして、なんとかして「再会」し、本気の恋にコース変更しようとします。しかし、相手は遊びのつもりで会いに行きます。……**こうして本気のほうは「苦しみと快楽」の両方に24時間心を引っかき回され、完全にそのループから抜けられなくなります。**

「会いたいと言われれば会いに行きますよ。好きですし、でも行けば行くほど、自分はただの〝都合のいい女（男）〟だと気づきます」

これは、単に禁断症状を埋めるためだけに相手に会う状態といえます。

本命になれる可能性はゼロなのに、まさに命の無駄遣いといえます。

「遊ばれていても、何もないよりはいいわ……」

もちろん、そんなふうに客観的に見られる感覚がある人はよいのです。それはそれで、よいトリートメントになると思います。しかし、そうでなく「本命の座」を狙う場合、だんだんあなたの言動が重くなります。こうなると危険です。そのうち彼（彼女）は、連絡を拒絶し、何度も連絡してくるあなたをストーカー扱いし始めます。相手はすでにあなたには魅力を感じていなくて、拒絶している――それなのに押せばなんとかなると、誠意の押し売りでストーカーモードになり、さらに迷惑がられる……返信はなく、〝ストーカー〟と噂されてしまう。こんなに愛しているのに……と傷つき、泣き崩れる……。

命の無駄、人生の無駄です。もっと外を見ましょう――解決策はそれしかありません。

このときのあなたの最大の欠点をひとつ言います。

あなたは自分にどれほどの魅力があるかをはかる客観性を、完全に無視してしまっているのです。あなたに魅力があれば、相手は黙っていても追いかけてきます。２人で会って２回くらい食事をすれば、相手から追いかけてきます。
それなのに、その悲壮感漂う表情のまま相手に誠意の押し売りをすることは、犯罪級の迷惑行為でしかありません。そうではなく、自分に眼を向け、どうしたら、もっと異性に魅力を感じてもらえるか？　もっと一緒にいたいと思われることができるか？　そのために自分に何が足りなくて、何をすべきなのか？　そこに目を向け、自分を磨くことです。その努力の先にこそ、先人がつないでよかったなと思ってくれる人生が待っているのですから……。

恋は楽しいものです。恋が愛に変わり家族になることもあります。その先には新しい命の誕生と、バトンを託す子々孫々の尊いリレーが待っています。

しかし、それは大自然と同じように、時折、私たちに容赦なく牙《きば》をむきます。異性に振り回され恋愛で傷つき〝みじめ〟に生きる――これも恋愛の影響です。そういった負の連鎖ではなく、創造的な恋をしてください。
そのためには自分を磨き、自信をつけ、魅力的な異性の友達を複数つくり、魅力的な異性に慣れ、選択肢を持つことです。目の前の人だけがあなたの運命の人ではないのです。もっともっと広大な出会いの海を泳いでください。その先に魂が喜ぶ、本当の出会いがあるはずですから。

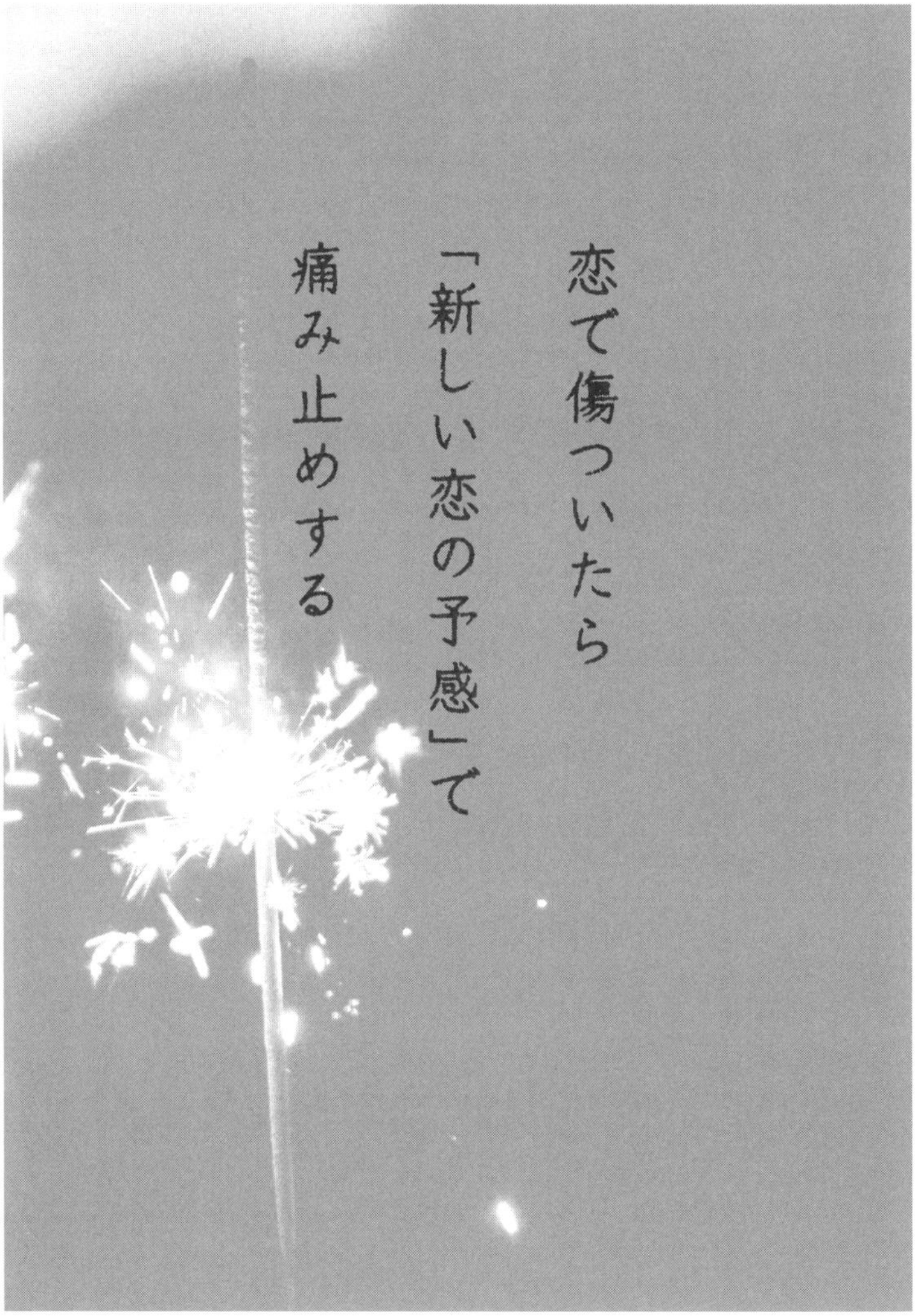
恋で傷ついたら
「新しい恋の予感」で
痛み止めする

37

恋愛はパズル！　運命の人はたった3人、だから出会い続けて

ひとつの恋が終わった瞬間、「ああ、もう自分はあの人なしには生きていけない……」と心を痛めることがあります。食事も喉を通らず、夜も眠れない……自分の体の一部がもぎ取られたような感覚になり、朝、目を覚ますたびに涙があふれ出る……。

そんな経験があなたにもありませんか？　ケガをすると傷ができて血が流れ出るように、失恋や別れも心から血の代わりに涙があふれ出ます。

失恋、別れは重大な〝心のケガ〟であると思います。

失恋がきっかけで、いつまでもその傷をひきずり、未来に希望を持てない人を時折見かけます。でも客観的に見ると、それもまた命の無駄遣いなのです。痛みを和らげ、もっと行動的になり、新しい恋の予感を引き寄せ、命を有効に使いたいですね。

パズルを思い出してください。パズル全体でおそらく数百ピースはあると思います。その中のどれかひとつピースを拾い上げてください。それがあなたです。

次に、そのパズルに合う一片を探してみましょう。そうすると、一見合いそう！と思う一片を拾い上げて自分の一片に近づけてみても、ほとんどは形が合わなくてパズルの山に戻してしまいます。それを何十回、何百回と繰り返し、やっと見つけた〝ぴったり合う一片〟は全部でいくつあるでしょうか？　**あなたというパズルの一片とぴったりと接するパズルのピースは全部で3～4片ではないでしょうか？**

1回1回合うかどうか確かめようとして近づけたすべてのピースは、あなたが「あれ？恋人になるのかな？」「恋人にしたいな……」と思ったけれど、深い恋仲になれなかった異性たちです。あなたというパズルの一片と接する3～4片のピースたちは、あなたが心から相思相愛になった、あるいは結婚した（する）「運命の恋人」たちです。

何が言いたいかというと、たくさんの出会いと、たくさんの恋の予感があっても、そのなかで運命の人となり、結婚するレベルまで達する人は、数えるほどということです。

そもそも、まだ20人や30人の異性しか出会っておらず、デートも3〜4人しかしていない状況で、運命の恋など見つかるはずがないのです。ましてや、結婚なんてもっともっと先の話です。

運命を感じながら、会話をしたり、あるいは恋を楽しんだり、交際したり、そして別れたり――その結果「運命の一片同士」ではなかったことに気づき、深く傷ついたり……そしてまた出会って……その繰り返しの後にだけ運命の出会いは生まれるのです。

失恋して苦しいとき、いつまでも引きずって前に進めないとき、この言葉を思い出してみてください。

「恋愛はパズル。運命の人は生涯でたった3人。だからこそ、もっともっと出会い続けるしかない」

もっともっと、たくさんの人と出会い、自分にぴったりの一片であるかを確かめる――その過程を楽しんでみてください。

運命の恋を手にするために
100人デートせよ

38

失恋の痛みはこうして治す——失恋救急箱

失恋した直後には、耐えがたい痛みに襲われてしまうものです。

恋は本来、幸せになるためにするものです。それなのに、終わった恋の痛みに苦しみ続け、生きる気力も湧かない状態が続くことはまさに〝命の無駄遣い〟をしているといっても過言ではありません。

その痛みを少しでも和らげ、せっかくもらった命を有意義に使うための方法について紹介したいと思います。

まずは「忙しくする」ということが重要です。

できれば、「仕事」をどんどん入れましょう。

朝起きて涙を流して嗚咽《おえつ》したとしても、出勤時刻があなたを救ってくれます。そして仕事に行けば、泣いてはいられなくなります。仕事で忙しくすることで、あなたは失恋などしていない別の人格になることができるのです。

次におすすめなのが、「同性の友人と人生を語らう」ということです。

友情は恋愛感情とは違いますが、共感を得られたり、絆を確信できることにより、痛みが和らぎます。**「異性は別れるかもしれないけれど、同性の友情は一生!」**と思うこともできます。できれば同性の友人の家に泊まらせてもらい、寝入りと目覚めの〝心が痛む時間〟の痛み止めになってもらいましょう。

さらにおすすめするのは、「とにかく出会いの場所に行って新しい異性と出会い続ける」ということです。人間はやはり動物なので、**未来の恋の予感がする魅力的な異性と出会うたびに、失った恋の痛みが1ミリずつ癒やされてゆきます。**そして1年もすると、「なんだ、この地球上にはまだまだ魅力的な異性がいるじゃないか!」と、失恋当時とはまったく別の心の状態になることができるのです。

「新しいことに挑戦する」というのも、失った恋はすでに過去のものであるということを体感、認識するために効果的です。また、「部屋の模様替え」「髪型を変える」「服を新調する」ということも新しい自分を自覚し、過去を切り離すのに効果的です。

さらには、ジョギングやその他のスポーツをするのも効果的です。運動をしている間は、涙を流したり、失恋を憂うことはできないからです。

一気に痛みをとることは難しいかもしれません。

しかし、少しずつ、確実に失恋の痛みはあなたの中から消えてゆきます。1日も早く、心の痛みを取り去るようにしましょう。

失恋の激痛には〝出会える楽しい仕事〟が効く

39 好きでやったことが幸運を呼び寄せる

「冷めきった心を温めなおし、火をつけたい！」

「もっともっと全力を出しきって達成感を感じて生きたい！」

「今よりも自尊心が持てる、誇り高い生き方をしたい……」


会社で仕事をしていて、そんなふうに感じることがありませんか？

これは会社員特有の〝葛藤〟のひとつです。

「ちゃんと、そこそこ出世しているのに、もっともっと突き抜けたい――」

そんな感情を抱く会社員が大勢います。**もっともっと高みを目指したいという気持ちと、「能力があれば出世できるとは限らない」という不条理への葛藤がストレスにつながることがあるようです。**これは「出世を無視して我が道をゆく会社員」にはない〝葛藤〟のような気もします。

このときに「会社と完全に切り離した副業・趣味・社外活動に身を投じる」という切り替えをする人を多く見かけます。そのひとつが「本の出版」です。ちょっとした冒険で始めた本の出版という副業が、社内での昇進や部署異動に役立ったという話です。

大手商社に勤務している氏家さん（男性・45歳）は、もうだいぶ長く会社の某部署の次長をしていました。なかなかの出世だったのですが、それに満足できてはいませんでした。もっともっと突き抜けた出世を望んでいたのです。

仕事の成果が出ないということではなかったのですが、自分よりもより成果を出す若手や、より高い職位に出世する同期を見て葛藤していたのでした。仕事へのモチベーションが下がり、「全力を出しきらないまま、ノルマをこなすだけ」の毎日を過ごしていました。

そんなとき、彼は「本の出版」を目指すことを決心しました。自分の能力次第でできるのが出版です。売れればスターにもカリスマにもなれるので、自尊心も満たされます。

そのとき、氏家さんは私の出版講座とコンサルを受け、「ビジネスに役立つマニュアル集」の企画を立てました。本業とは完全には被《かぶ》らない内容でありながらも、少し会社の宣伝にもなるという「絶妙な配分」の本でした。私が出版社に売り込んだところ、見事採用になり、その旨を会社の人事部に申請しました。本の出版に関しては、届け出をすれば認められる社内規定があったようです。

氏家さんは毎朝5時に起きて1時間の執筆で、自分の感じていることを思う存分表現しました。本を書くということは独断のワンマンステージですから、誰もが輝きます。氏家さんの表情はみるみる活気を取り戻し、イキイキと日々を過ごすようになりました。そして、出版デビューを祝う出版記念パーティでは、多くの人からの祝福を受けました――その数カ月後のことです。氏家さんの会社で人事異動が発表されました。

彼はそこで、世の中の動きを調査したり、それを書籍として発表したりする社内の重要な部署の最高責任者に任命されたのです。まさに命の使い道、心の炎を燃やす場所が見つかり、生きなおしに成功したパターンといえます。大好きな本の出版に大手を振って〝本業で〝関われるようになったのです。

好きでやったことが社内での昇進に役立った例です。これは氏家さんが、**勇気を出して、自分の心に従い、冒険的一歩を踏み出したからこそ得られた未来です。**

魂が喜ぶほうへ、思いきって行動する――これができた人だけが得られる「幸せな生きなおし」の良い例といえるでしょう。

もしも「大好き」を「仕事化」してみたら？

40 恋や友情に満ちあふれよう――それが生きるということ

青春時代を思い出し「あの頃はよかったなあ……」と思い出すことがありませんか？　私などはしょっちゅうです。そして「恋や友情に満ちた、あの頃に帰りたいなあ～」としみじみ思い出し、時に涙を流すことすらあります。親がいて、経済的に支えてもらっていたからこそ、リアル青春映画の主演を思いきり楽しめたのだと思います。友情と恋に満ちあふれた、利害関係を含まない心の絆《きずな》が創られていました。

一般的には「昔はよかったではいけない！」とか「過去の栄光の上に胡坐《あぐら》をかいていては

ダメ！」と否定する考えを耳にすることがあります。

私はこの考えに「ＮＯ！」を突き付けます。

なぜかというと、**過去の楽しかったことを思い出すことで、それが立派な癒やしになるからです。ときに、未来を生きるための大いなるヒントを得ることもできます。**青春時代を懐古するのは、今が楽しくないからというわけではなく、「今も楽しいけれど、あのときには今では到底たどりつけないレベルの心の高鳴りがある。だから、未来をよりよく生きるためのヒントにしよう」という、過去に学ぶスタンスがあるからに他なりません。

そして、今の私たちに欠落しているもの――それがまさに冒頭に書いた「恋や友情に満ちあふれた利害関係のない幸せな時間」なのではないかと思うのです。だから、私たちの心は病み、何のために生きているのかわからなくなるのだと思います。昔は職業なんか持たなくても、友情と恋と、自分の体ひとつあれば、あんなに幸せだったのですから――。

このことを素直に認め、そして過去に負けない「恋や友情に満ちあふれた幸せな時間」をつくっていくのはどうでしょう？

私は大学4年の夏、それまで仲良くしていた関東のさまざまなイベント企画サークルの幹部に声をかけ、「この青春のパラダイスを一生、新鮮保存しよう！」というポリシーのもとにコミュニティをつくりました。その後10年がたち、多くはその500人前後の集まりの中で結婚をし、子供を産み、皆でファミリーキャンプに行き、自宅で大合宿をしたりもしました。その付き合いは今でも続いていて、30年近くたった今でも、青春の心の高鳴りの中で集まり、悔いのない最高の時間を過ごすことができています。

これさえあれば何もいらない――お金も名誉も何もかも――そう思えるような友愛の時間があるおかげで、どんなつらいことがあっても、一度集まればみんなで噛みしめ合うことができるのです。「人生最後の1年に何がしたい？」と聞かれれば、この仲間で大いに語らい、大いに笑い合いたいです。また生まれ変わっても会いたい仲間がそこにいます。

私は、この状態こそが〝生きるということ〟であると感じています。これは決して現実逃避ではなく、青春への退行でもありません。

昔と今のどこが違うかといえば、今の私たちは自立しているということです。自分の経済活動を自分で支え、あるいは家族を背負い、支えながら日々を送っています。背負う自負と愛を抱き、そのうえに生きることを楽しみ、そして命を完全燃焼させようとしています。

ぜひ、少人数からでよいので青春の友愛を復活させてみてください。難しいことではありません。昔の気の合う仲間を、まずはさりげなく誘ってみるだけでいいのですから。

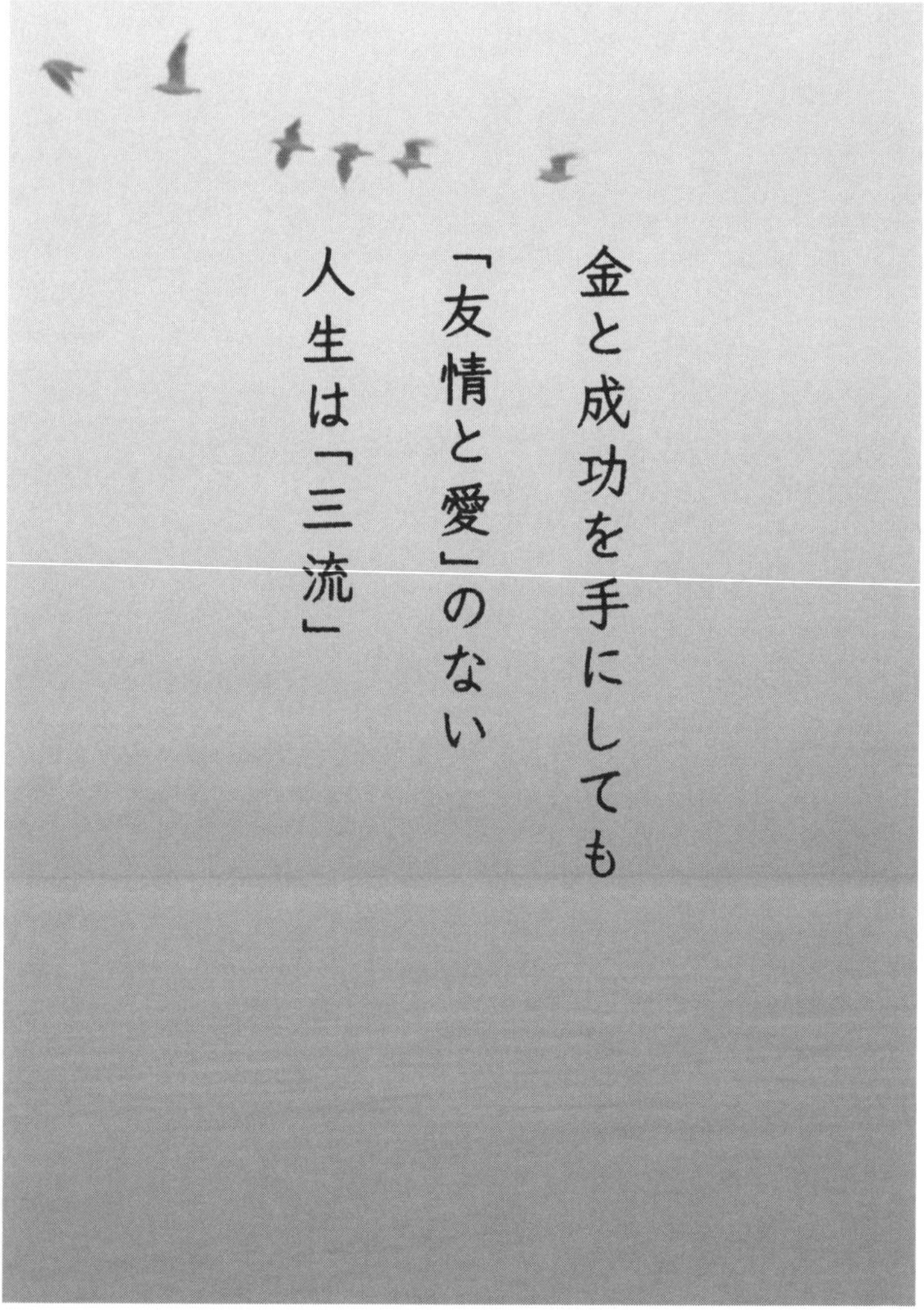

金と成功を手にしても「友情と愛」のない人生は「三流」

41 食えていない人はまず「食いっぱぐれない」が先決

「キャッシュフローは酸素です」――これは私が独立を目指す人に必ず言う言葉です。酸素がなくなれば、生きることができません。お金はそれと同じことです。**お金がなくなれば、心配事が増えるだけでなく、健康も害し、夢見る力も、感動する健康な体も、安心して眠りにつく心も、あるいは命さえも失ってしまいます。**

先祖びとは何よりもまず先に、食糧を確保することを優先しました。まずは生きるために、命がけで食糧を確保していたのです。

私たちの記憶の中には「飢えること」への恐怖が刻まれています。恐怖の記憶はＤＮＡの中に残り、代々継承されることが、専門家たちの研究によっても明らかになっています。**十分にお金を稼げない――つまり〝食えていない状態〟が、人間の心に恐怖感を生みます。**

私にも経験があります。32歳のとき、会社を辞めて個人事業主をスタートさせましたが、最初のうちは「せっかくだから好きな仕事をしよう」と、自分を解き放ち、大規模なイベントや、海外の有名俳優をキャラクターにした携帯サイトの有料コンテンツのサービス開発を「レベニューシェア（成功報酬を分配するビジネス形態）」で行っていました。

しかし、それらは成功するかどうかはわかりません。しかも、成功したとしてもお金が入るのはずっと先でした。その他に、恋愛エッセイストとして「オールアバウト」というメディアでデビューをしていました。将来は著者や出版プロデューサーとしても成功したいという夢も描いていました。しかし、なかなかお金が入らず、家計は毎月赤字になりました。貯金はカード借金に変わり、２歳と０歳の子供と５０００万円の住宅ローンを抱え、家計は次第に困窮してゆきました。

そしてあるとき、私は夢がいっぱいに詰まった仕事をメインにすることはできなくなってしまったのです。

夢の宿った仕事では食えないし、万策尽き、もっと頑張ろうと思う気持ちも消えかけてしまいました。なぜそうなったか？　それは〝飢える〟という恐怖に支配されたからに他なりません。その他にも「ローンで買ったばかりの家を差し押さえられてしまう」という恐怖も頭をよぎりました。

それでも諦めの悪い私は**「生きることを楽しむ、みんながワクワクするイベント系の活動」を、仕事ではなく、時間を決めて楽しみとして続けました。**あくまでも「生きることを楽しむためのボランティア的な社会活動」としてです。これで心は豊かになりましたが、お金はいっこうに入ってきません。そこで、食べるために「できる仕事」「好きではないけれど比較的得意な仕事」「お金になる〝あらゆる仕事〟」に身を投じることにしました。

子供たち、家族を飢えさせないため、家を失って路頭に迷わないためにです。それでも、できるだけ得意なことを選びました。仕事にはしたくないけれど得意なことです。それは池袋の街頭で女性に声をかけてその場で写真を撮り、雑誌への掲載許可をとるという仕事でした。マイナーな怪しい雑誌だったので、普通にスカウトしてもなかなか協力してくれる女性が見つかりません。しかし、私には街で声をかけて女性を説得するという、他の編集者やライターにできない特技がありました。この仕事ではおかげさまでとてもよい報酬をもらえました。出来高で1日7万円を稼いだこともありました。そのときの私は「家族を飢えさせてはいけない」という本能で動いていました。まるで狩りに出たケモノそのものです。

自分らしくとか、夢を叶えることを諦めたわけではないのですが、気持ちを込めて考える時間も、心の余裕もありませんでした。まずは〝生き延びる〟ことを重視しました。そして、仕事にはしたくないが、最も得意な〝狩り〟の方法を選んだのです。

もしあなたが今、食えていないなら、まずは手遅れになる前に〝食うため〟に自分の力で一生懸命頑張ることです。継続的に衣食住を確保するために、サバイバルする方法を知恵を絞って考え、そして行動してほしいのです。その間は一時的に夢が見れなくても、たとえ気持ちを殺してでも命をつなぐことを優先するしかありません。

不思議なもので、このとき私は「今、自分は家族を食わせるために死に物狂いで頑張っている、そして体を張って、なんとか食わせている」というプライドのようなものを抱き、それを心地よく思っていました。会社員のときには抱かなかったプライドです。

このときばかりは、DNAの記憶が私を助けてくれていたのだと思います。

キャッシュフローは「酸素」。なければ夢も見られない！

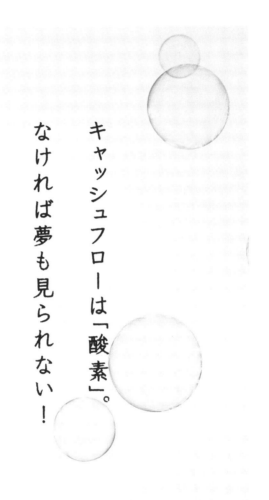

42

仕事に殺されるな、サードプレイスで人生を謳歌しよう

仕事のせいで、イキイキとした心を殺されてしまう状況に陥ることがあります。

それを生む環境には、大きく3種類のケースがあります。

「嫌いな仕事に殺される人」

「好きでもない、嫌いでもない仕事に殺される人」

「大好きで得意な仕事に殺される人」

この3つです。1番目と2番目は仕方ないにして、3番目の「大好きで得意な仕事に殺さ

れる人」に関しては、残酷です。

実は、私にはこの経験があります。私の場合は、会社員時代に社外にパラダイスを求め、イベントや執筆やその他のことをしていましたが、それをやるために独立し、やっとの思いで「大好きで得意な仕事」にたどりつき没頭していました。本を書き、ウェブメディアでの連載や有名雑誌に連載、メディアからインタビューも受け、イベントや講座も行っていました。このパラダイスジョブに対し、私は全身全霊で24時間向き合いました。収入はどんどん増え、楽しさもますますエスカレートしてゆきました――**このとき、自分では遊びと仕事の境目がないつもりでいたのでです。その結果、〝疲れ〟の感覚も麻痺してしまったのです。**

「自分は絶対に疲れることはない」

そう思い込んでいました。しかし、そんなある日のこと、眠れない自分に気づいたのです。さらには、仕事のフィルターを通してしか、世の中を見れない自分にも気づきました。

いくらパラダイスでも、結局仕事です。仕事は仕事、それをやり続けることは息抜きでも遊びでもなく、ストレスとプレッシャーの連続であったことに気づかずにいたのです。眠れなくなったこと以外に、膵臓と胆のうに支障をきたし始めました。そして、内臓疾患からくる気分の落ち込みを余儀なくされたのです。

あんなに社外のパラダイス（アナザーパラダイス）の達人だったのに、私の24時間、365日からはそれが完全に欠落してしまっていたのです。私は大好きな仕事で自分を殺そうとしていたのです。それはまるで、楽しい楽しいと言って、笑いながらゆっくりと自殺をするようでした――。仕事を頑張るということは、命の使い方としては一見正しいため、見分けがつかなくなっていたのです。

それから、私は生き方を変えました。自分がつくったビジネスの世界から自分自身を逃がし、自分が楽しむためのイベントを毎週行うと決めたのです。

この別軸ができたおかげで、私の心身は健康そのものになりました。そして本当の意味で〝あるべき命の使い方〟ができる自分を取り戻したのです。今では仕事抜きに付き合える仲間が何百人とふくらみ、豊かな毎日を過ごしています。

あなたも、**どんなに仕事がうまくいっていても、仕事に殺されないように、必ずアナザーパラダイスを持つようにしましょう。**死にかけた心と体を必ず救ってくれるはずです。

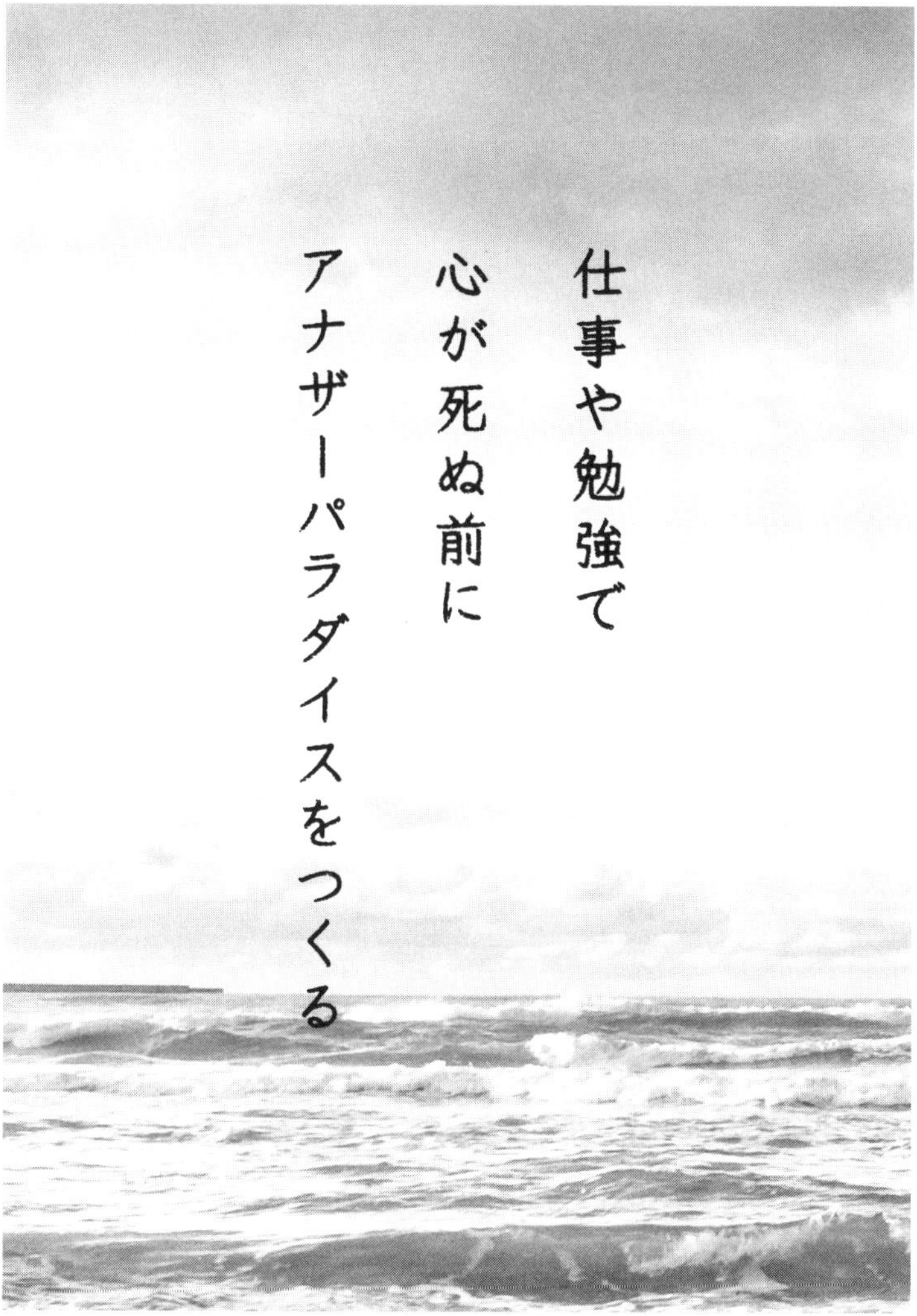

仕事や勉強で
心が死ぬ前に
アナザーパラダイスをつくる

43

会社の価値観がすべてではない！世の中は会社の1億倍広いのです

「会社で人間関係がうまくいかず、プライベートでもモヤモヤが消えない……」

「職場で上司から叱られ〝使えないヤツだ〟と言われて、自分はダメなヤツだと思ってしまっている……」

そんな経験はありませんか？

でも、はっきり言いましょう。**会社は、仕事をして利益を得ながら社会貢献をする〝器〟にすぎません。**

あなたが怒られたり、ストレスを感じたのはそのビジネスという競技の中で、会社が決めた独自の競技ルールに合わなかったからにすぎないのです。

会社によって商品やサービスの内容は千差万別、ビジネスモデルも異なれば、客層も異なります。働く人や顧客の感性もまたそれぞれ異なるのです。また、その会社にあった能力をあなたが持っていない場合もあります。したがって、たまたま就職した会社の人々から言われた存在否定のような言葉を、真に受ける必要はないのです。

あなたがマラソンが嫌いな人だとして、マラソンが大好きで得意な人、かつマラソンしか人生にない人から〝走り方がなっていない〟〝呼吸法もダメ〟と言われたからといって、自分自身の全人生を否定するでしょうか？　自分の人格まで否定しますか？　その答えは「NO！」のはずです。

このように私たちは、**会社こそが世界のすべてであるような錯覚をし、「会社でダメなら人生も自分自身の存在も全部ダメ！」と自己否定をしがちです。**

でも、どうかそこまで会社から洗脳されないでほしいのです。あなたは会社の一部ではなく、会社があなたの人生のステージの一部にすぎないのですから――。

世の中はあなたの会社の1億倍広いのです。

高いビルの上から、あなたが通う会社を見てみてください。小さな小さなビルが他のビルの中に埋もれ、見えるか見えないかの場所に佇んでいるだけですよね？　あなたは、そんな小さな箱がつくった価値観を自分に押し付け、その型にはめようとしているのです。

それでは人生がもったいないですよね？

学校もまた同じです。**どうか、会社や学校の価値観だけに洗脳されつくすことだけは避けてください。もちろん、ビジネスをするときの競技ルールとして極力〝合わせる〟ことは必要です。**でも、それを全人生、全人格に被《かぶ》せて同一ルールで物事を感じたり、考えたりするのは間違いです。

会社を一歩出たら、会社のルールはもう忘れてかまわないのです。あなたの人生です。あなたが世界を見る視点で、感覚で、そしてルールでプライベートタイムを生きてください。

これは、命を輝かせるための重要なスイッチです。この切り替えスイッチを持つことで、あなたの人生は何倍も〝自分らしい幸福感〟に満ちた日々になることでしょう。

会社も学校も空から見たら「ただの小さな箱」

44

もっと感動の連続のなかで生きてみよう

あなたがこれまで生きてきた中で、いちばん感動したのはどんな瞬間だったでしょう？

「学校の卒業式」
「受験に合格したとき」
「スポーツの試合で勝った瞬間」
「プロポーズをして受け入れてもらえた瞬間」

「子供が生まれた瞬間」

などなど、感動の瞬間はさまざまだと思います。

感動の思い出の瞬間は、まるでそれが「永遠」であるかのような感覚で、何十年でも私たちの中に残り続けます。

もしもこの先、人生全体がこのような感動で埋め尽くされたなら……それ以上の幸せはないのかもしれません。

感動の連続の中で生きるには、どうしたらいいのでしょうか？

その答えはとても簡単です。過去の感動のシーンをもう一度、再現してみればいいのです。まずは同じ場所に行って、同じことをやってみてください。もちろん時代遅れにならないように、現代版にアレンジしてそれを実際にやってみましょう。

私の場合は、イベントの開催です。学生時代にイベントサークルの引退式や、シーズン最後のファイナルツアーで味わった涙の感動は、いまでも思い出すだけで体中の血が騒ぎ、いてもたってもいられなくなります。

「これさえあれば何もいらない！」

「このためだったら命をかけられる！」

そう思った活動でした。

仕事で疲れたときには、当時パーティでかけていた音楽を聴くだけで興奮し、涙が自然に湧き出てきます。血沸き、肉躍る状態にいつでもなることができるのです。

私は感動の摂取をするために、毎週イベントを開催しています。そのおかげで、当時ほどとまではいかなくても、毎週、継続的に〝感動〟を摂取することができています。何歳になっても、命を〝効果的に〟〝悔いなく〟使うことができているといってよいでしょう。

忙しくてそんなことをする時間がないという人は、**休日の午前中3時間だけに限定して、他のことを全部遮断して感動再現をやってみればよいと思います。**

その時間だけは、余計なものを捨て、感動一点集中主義で時間を使うのがポイントです。

命は感動の
連続のなかで輝く！

50年後あなたを知る人はいない

45

あなたへ伝えたいことがあります。

「毎日、一生懸命会社に通い任務を全うする……」

「家族を養い、子供を成人させ、大学に行かせる……」

それは、今あなたがどうしてもやり遂げたいことのひとつかもしれません。そのために、時には自分の気持ちを押し殺して耐えなければいけない場面もあると思います。

でも、耐えたり、小さく型にはまる必要がなかったりする場面でも萎縮してしまう……それはあなたの命にとって悲しいことです。

思い当たる方は、こう考えてみてください。

あと30〜70年で私たちは跡形もなくなります。あと100回さえ、春夏秋冬を楽しむことはできません。そんな我が身を想像してみてほしいのです。30〜50代なら、元気に動けるのはあと15〜20年がせいぜい。**あと四季が数十回めぐれば、あるいは人によっては10回季節が巡れば、人生の表舞台で自由に走り回れる時代は終わるのですよ。**泣いても笑っても終わるのです。それなのに、なぜそこまで自身を型にはめるのでしょう?

「この型がいいんだ。心地いいんだよな」

そういう人はいいと思います。私の意見を押し付けようとは思いません。でも、もどかしさ、閉塞感、縛られ感、虚無感で胸がいっぱいで5年も10年も過ごしている方、ここじゃないどこかで、新しい自分になりたいという人は、週末やアフター9は見えない心の鎖を断ち切ってみてほしいなと思います。やるべきことをやったなら、定期的に、そして容赦なく鎖をはずし自由人になってほしいなと思うのです。見えない飼い主につながれた〝無意味ない人〟の鎖を引きちぎってほしいと思います。

あなたにも、あと20〜50年の活動期間にやってみたいことがきっとあるはず。それに素直に手を伸ばして生きてみましょう。周囲も、そうしてくれたほうが実は愉快なのかもしれません。意味なく小さくまとまった、何かに脅《おび》えるような、誰かの視線を怖がるような生活とは別れを告げましょう。

あなたが超有名人でもないかぎり、70年後にあなたを知る人はいません。

今、あなたが知っている人でも、ほとんどはこの世にはいないのです。多少の恥はかき捨ててしまえばいいんじゃないでしょうか？

この一瞬をどう生きるべきか？　もう迷ってる暇はないのです。

命はそのうち
リセットされるから
フルスイングで生きよう！

あなたにとって理想の未来とは？

46

　理想の未来が思い浮かばないときがあります。

　仕事がうまくいかなかったり、やりがいが感じられなかったり、あるいは仕事が忙しすぎたり、人間関係で悩んだり、いわれない攻撃を受けたり、しばらく笑っていなかったり、悲しいことが続いたりしたときには、理想の未来が描けなくなるものです。その理由は思考が萎縮し、心が恐怖と自責の念に満ちているからです。

　そんなときは、**無理に未来を思い描こうとしないほうがよいと思います。もっともリラッ**

クスできて心が解放される、なるべく遠い場所に行くのがおすすめです。なぜ遠い場所なのか？　それは、あなた自身が今、日々を過ごしている場所から大きなストレスを受けているからです。その証拠に、周囲にあるものや人を見ただけで、ストレスの原因を思い出して、憂鬱になってしまいませんか？

だからこそ、**ストレスの原因と関係するものが存在しない、切り離された場所に移動する必要があるのです。これを「転地療法」といいます。**

移動した場所が昔から行ってみたかった場所ならば、そこには未来しかありません。なぜならそこは過去から分断された〝希望の宝庫〟だからです。もちろん、いい思い出に満ちた場所でもよいでしょう。そこにいい思い出しかなければ、あなたはいい思い出に自動的に反応して、幸せな気分になるはずです。

転地療法を目的に遠い場所に行ったら、嫌というほど、その場所に佇んでください。そして、その場所と一体化するのです。その場所の一部になり、普段の生活が客観的に見え始めたら、今度は未来のことを考えましょう。ゆっくり、ゆっくり、無理せずに……。

そして文字化したり、あるいはスマホで理想の未来像を画像検索して、その画像を眺めます。例えば、いま住んでいる場所から50キロ離れた海辺に別の棲み家を見つけ、毎週末はそこに行って、イベントをしたり、日記を書いたり、読書をしたり、自給自足をしたり、副業をしたいと思ったら、それに関連しそうな画像を検索します。そして、**フォルダーに保存し、それを眺めるのです。そうするだけで、未来の夢がまるですでに叶ってしまったかのような、興奮に包まれることができます。**

あなたの親も先人も、あなたがそのような未来にたどり着くための日々を過ごし、輝いてワクワク生きることを望んでいるのです。

たとえ、思い描いた未来が100%手に入らず、半分しか得られなかったとしてもいいのです。そこに向かって歩いてゆく過程に意味があるのですから。その過程で、あなたは間違いなく、夢に向かって胸を躍らせて生きているからです。その幸せな瞬間を、先人たちは望んでいるのです。

あえて遠く離れた場所で
「理想の未来」を
イメージしてみる

47

夢を語ろう、ロマンを描こう、動き出そう

世の中には3種類の集団があります。

「夢を語り、夢をカタチにしてゆくのが当たり前の集団」と、「夢なんか語ってんじゃないよ！　できもしないくせに！が口癖の集団」、3つ目が「どちらでもいい集団」です。

最初の2つの集団は互いに水と油です。3つ目はどちらとも仲良くできます。

もし、あなたが夢を語りたい人であったなら、決して2番目の「できない理由ばかり考える人」の中では夢を語らないでください。

それが、たとえ家族であっても……恋人であっても……親友であっても……です。彼らのことを〝ドリームキラー〟といいます。ドリームキラーは悪気なく、よかれと思ってあなたの夢を壊します。

先人は、あなたに夢を叶えてほしいと思っています。もし叶えたときには、一族の誇りにもなるからです。**夢を語っているあなたが、悪いのではありません。また、夢を語らない、夢をつぶす人が悪いのでもありません。**彼らは、夢を見ないほうが心地いいのです。夢をバカにされたら、そういう夢をつぶす人もいる……ぐらいに思って、二度と話さなければいいだけのことです。どうしても腹が立つ場合は、「夢のひとつも語れない可哀そうな奴め！」と心の中で思えばいいのです。

私は、あるとき「夢のひとつも語れない……残念な場所なのかね、ここは……」と、あるグループで言ったことがあります。そうすると、「そういうのは疲れるんだよ……」という返事が返ってきました。それが、ドリームキラーの素直な本音なのだと思います。

彼らは「命を最善に使おう！」とは思わないのかもしれません。あるいは最善に命を使うことの「定義」が違うのかもしれません。それも人それぞれです。

でも、私たちは夢を語りましょう。ロマンを描きましょう。その描いたものをひとつでもカタチにしましょう。あなたは、ダメな人なんかじゃありません。使えない人なんかじゃありません。先祖びとが命がけでつないだ命を宿した、誇り高い、愛される存在なのです。

夢を見てロマンを語り、それを実際にカタチにした人を尊敬しない人はいません。だから、もっと夢を語れる友人を増やしてください。

「これをしよう！」

「あれをしよう！」

「いいね！」

「こうしたらさらに面白いね！」

そんな会話が日常茶飯事の友達を増やしてください。

あなたが残した命の産物は、いずれ、きっと、次世代へのバトンとなるはずです。

夢の１つも
語れない人の前で
夢は語るな

48

1日1個だけ使命を行動に移そう

あなたは、自分の使命が何であるかに気づいていますか？
それがない人は抽象的な何かを仮の使命にしてみましょう。

「誰かを笑顔にすること」
「みんなを健康にすること」
「出会いのキューピッドになること」

「誰かの悩みを解決すること」

そんな抽象的な使命を持ってみてもよいと思います。

使命というより心掛けといったところでしょうか？

概念的なことでもいいですし、あるいは料理人の方であれば「おいしい料理を1人でも多くの人に届け、幸せにする」でもよいと思います。

具体的な職業の中で使命を具体的に特定することでもよいですし、社外でそれを抱くのでもよいでしょう。学生の人であれば、今学んでいることを、今からでも誰かの役に立てないか実際に行動してみるのでもよいでしょう。

そのときに自分の使命を言葉にして、胸に刻んで活動するのです。

学校の勉強に使命を見いだせない場合は、学校外の活動で使命を見つけて、それをアルバイトやサークルや、ボランティアという形で表現し、その中に自分の使命を見いだし、キーワード化し、胸に刻んで活動をしてみましょう。そうするだけで「自分は今このために生きている！　命を有意義に使っている！」という心の芯が生まれます。

私の場合は20代の会社員時代は会社に愛着はありませんでした。

ですから、会社の外の副業的活動において〝使命感〟を抱いていました。「社外のパラダイスを日本中に敷き詰め、皆を幸せにする」という思いをいつも胸に抱いていたのです。そして必ず1日に1個、その使命のために体を動かしました。イベントを企画し、集客の文言を考え、店を予約し、人を呼び込み……。

このときに大事なのが、「自分はこのために生まれてきたんだ！」と思えることを使命にすることです。何か違うなと思うことに無理やりフォーカスしてしまうと、感情がこもらないし、ワクワクしないので、自分が望んだ人生とは異なる方向に進んでしまいます。私の場合は、今でも20代のときに抱いていた使命の延長を生きています。

「人々の心の壁を壊し、自由な心にする」が、今の使命の概念です。

ここで大切なことがひとつあります。

それは、一日に1回10分でもいいので「使命のために時間を使う」ということです。

例えば、今の私ですと、今日は出版プロデュースの仕事にかかりっきりだったという日も、誰かの悩みに寄り添い、話を聞き、心の壁を壊し、自由にしてあげる行動をとります。

それにより、使命をまったく行わない日をなくす努力をしています。

そして、それができたことを誇らしげにノートに書きとめます。

これをするだけで、「命をきちんと有効なことに使った！　使命のために使った！」と満足しながら良い眠りにつくことができます。

おそらくこれは、死ぬときも同じ感覚だと思います。睡眠は、毎日訪れる小さな死です。本当に人生最後の瞬間が訪れたときも、この使命を全うしてこそ、幸せな最期を迎えられるのだと思います。

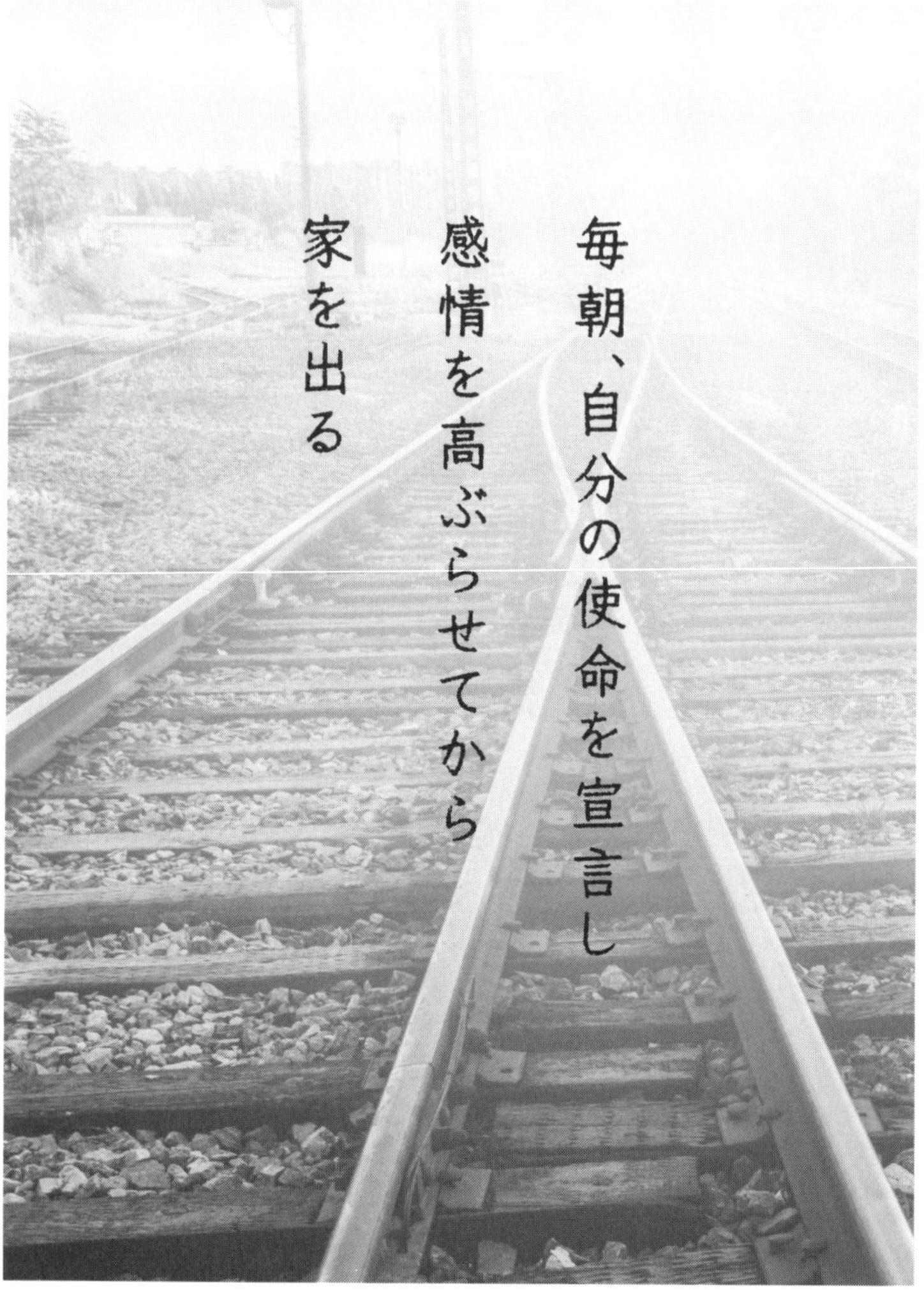
毎朝、自分の使命を宣言し
感情を高ぶらせてから
家を出る

自分で自分の生き方を選ぶということ

49

「今日をどう生きるべきか？」

「その逆にどう生きるべきではないか？」

私はあなたに、少しでもそのことを考えてほしいと思っています。

人生を誇れるような毎日を手に入れてほしいと思っています。

先述のとおり、私は子供の頃、いろいろな事情があって、自分の人生を生きられないでいました。悪いことをしたのが先か、きつく叱られすぎたのが先かわかりませんが、いつも自分を否定し、周囲を傷つけ、自分の力を誇示し、幸せではない毎日を過ごしていました。生きていること、存在していることに罪悪感を抱いていました。いつもどこかで誰かが私に怒りを抱き、私が謝らなければいけないことへの恐れを24時間いつも胸のうちに抱えていました。

でも、時に感じる命の喜びもありました。恋をしたとき、友情を感じたとき、季節の移り変わりを感じたとき、上機嫌な家族との休日。スポーツで優越感を感じたとき、ケンカで勝ったとき、学級新聞を書いているとき……そのときだけ生きている心地がしました。

もし生まれ変わったなら、もっと違った人生を歩きたいとも思っていました。でも10代の半ばを過ぎてから、考え方、感じ方を変えました。変えたというより、〝憑き物〟がとれたように考え方が変わりました。

それは、家に時々帰らなくなってからです。いわゆる家出高校生になってから、私は変わっていきました。**自分で自分の環境を無理矢理変えたのが、きっかけでした。**

「世の中を驚かせる、楽しませるだけでなく、周囲の友人や、仲間を幸せにする」自分が好きな人だけを選んで仲間になり、彼らの青春の思い出を精いっぱいつくる……そんな気持ちに切り替わったのです。生きにくさは断然減り……幸せいっぱいの毎日になりました。キツいことや、つらいことがあっても、麻酔がかかったように感じなくなりました。後ろ向きな人や、足を引っぱったり、ネガティブな人とは付き合わなくなりました。親すら、家族すらも、時に視界、思考の外に追いやりました。また、そうやって人生を選びに選びました。人間関係をバッサリ切ることも、まったく罪悪感を感じなくなりました。すべてはより良く生きるためです。

嫌われたりもしたでしょう。でもその分、周波数が合う人をたくさん幸せにしたし、自分も幸せになりました。**幸せを感じるたびに、私は心の中で、お父さん、お母さん、おじいちゃん、おばあちゃん、会ったことのないご先祖様……僕は今、幸せに生きているよ……この命を精いっぱい輝かせているよ……と心の中で何千回も思える自分になれたものです。**

流れる雲を見ながら……

打ち寄せる波を見ながら……

頬を撫《な》でる風を感じながら……

幸せを感じる瞬間――人生にはこれ以外、いらないのです。

どうか我慢することや、いい人になることはもうやめて、謝って済むことは謝って、怒って関係を切って済むことなら切って、「今までありがとうね」と〝感謝で終われること〟は終わらせて、命を大切に、自分を大切に生きてください。

「やらないこと」を決めて「いい人」をやめてみる

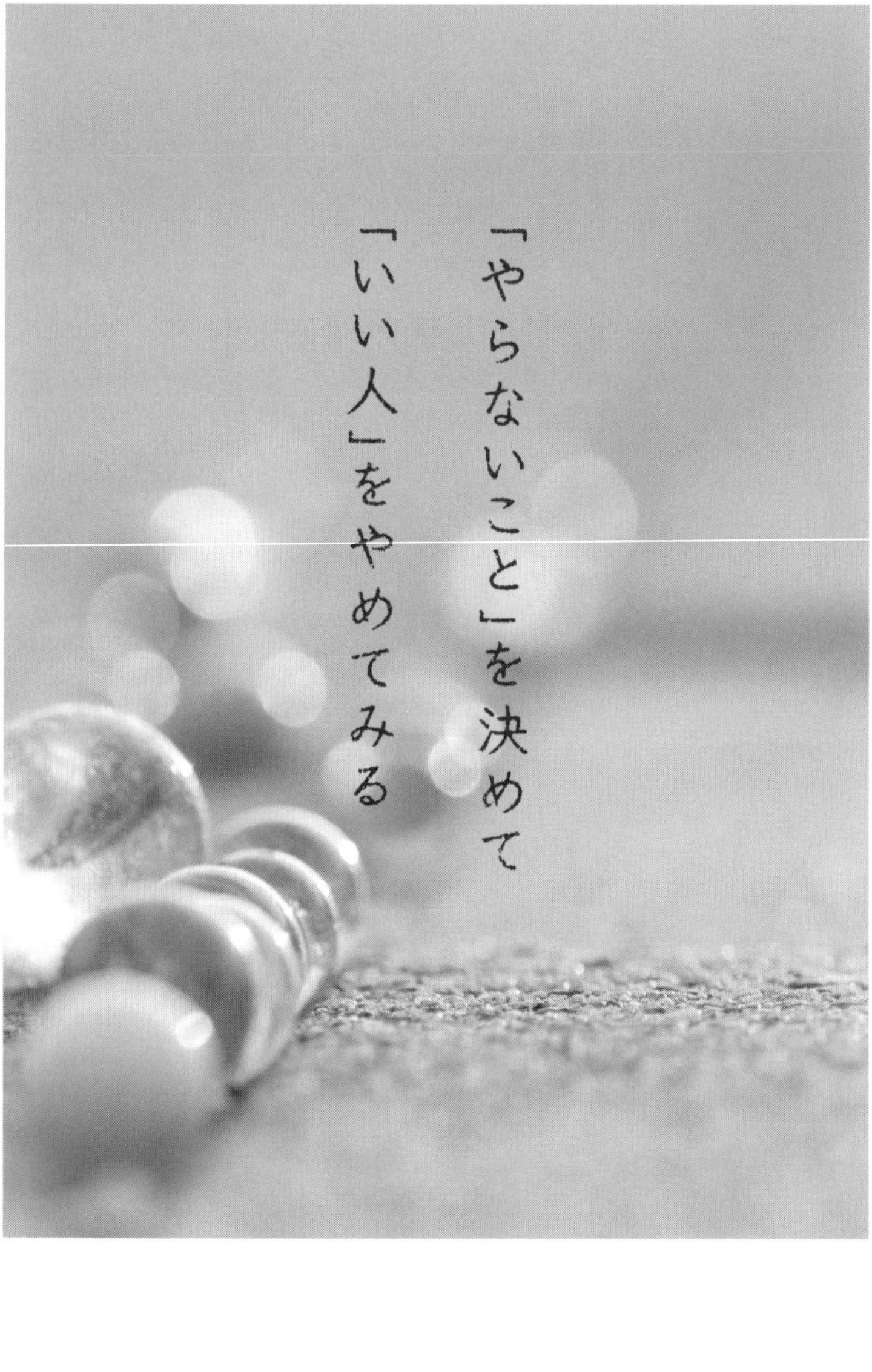

50 日本中を"生きがいの笑顔"で満たしたい！

私は現在、自分で開発したLD法（ライフワーク・ディスカバリーメソッド）という手法を使って「それぞれが好きで得意な活動」を発見し、さらには「世界でひとつのオリジナルの活動」としてつくりあげ、その人の人生に生きがいと興奮とマインドフルネスを提供するコーチング・コンサルティング、そして勉強会活動を行っています。

せっかく生まれてきたこの世のなかで、**いちばん感動できる生き方を発見し、時間と命を完全燃焼させるためのクリエイティブなゲーム**といったところでしょうか。

当初、この活動はビジネスではなく、「本当にやりたいことを見つけて幸せに生きる人」が日本中、世界中に増えればいいという思いだけでスタートしました。思いが先行したので、最初の15年は、持ち出しで行っていたほどです。それだけ私が生きるうえで大切にしている活動のひとつです。

もしも「好きで得意な仕事・趣味」あるいは「社会活動」に出会い、大好きな人に囲まれて一生を過ごす人が100万人、1000万人、1億人と日本全国に広がれば、世の中全体にイキイキと輝く人が増えて、日本全体が楽しくなる——私は朝から晩までそのように思っています。そのためには、このクリエイティブなカードゲームの司会進行ができる人を1万人、10万人と増やす必要があります。

もし1万人の人々がそれぞれ100人を本当の生き方に導き、導かれた100万人それぞれが〝やりたいこと〟で自分の人生を輝かせたら？　今の日本はもっと夢と自由な心にあふれた笑顔の国になると思っています。

これまで講演などで「本当にやってみたいことは何ですか？」と、参加者に質問すると、7割の人が「わからない」と答えるのです。私はこのことに、とても驚きました。自分のことなのに〝わからない〟のです。私は誰もが「やりたいことを、誰もが当たり前のように自分の胸の中に持っている」と思い込んでいたのです。しかし、それは本当に私の思い込みでした。

「何が好きで、何が得意で、何をやるべきかわからない」

それが世の中のスタンダードであることを、初めて知ったのです。

自分の心がどんな生き方、働き方、オフの過ごし方を望んでいるのかわからない。あるいは、「何をやってもいいですよ」と言われても何をしていいかわからない。それはまさに、先祖びとや親からもらった命を完全燃焼させていない生き方です。私はこういう世の中を本気で変えたいと思いました。

そこで、小学校の頃の英語塾の英単語カルタを思い出しました。ゲームをしながら英単語に慣れ親しむものです。「憧れ感のある社会活動やビジネス」に気づいてもらえるカードをつくってみたのです。

「カッコイイ！」「楽しそう！」「特技が生かせそう！」「モテそう！」「人に自慢したい！」といった直感を第一優先にしました。まるで大好きな服を自分で選ぶように「人生」を選んでほしかったのです。このLDカードには、ファッションのように自分らしい生き方を身にまとってほしい……そんな思いが込められています。

魅力を感じたビジネスや社会活動や趣味を、カードのなかから選ぶだけではありません。選んだものを組み合わせれば、いままでになかったビジネス、社会活動、趣味を発明することができます。**世の中のイノベーションのほとんどは「既存のものの組み合わせ」ですから、誰でも世界にひとつの副業やビジネス、趣味、活動をアレンジできるというわけです。**

あとは、それを会社でも家でもないサードプレイスで「実際に行えばよい」ということになります。本当の意味での自由を勝ち取れる時代がもうやってきています。令和は「それぞれが輝く時代である」。そう首相が発表したように、国民全員が命のリレーの先端で命を幸せに完全燃焼させる時代です。

だから私は、リレーの先端でバトンを握るあなたの命を輝かせるために祈り続け、時に本を書き続けます。やりたかったことに気づけない、本当の生き方を見つけられない——そのような方々のために全国の企業や団体を訪問し、お話をさせていただき、あるいは講師を派遣したりしています。地道な草の根活動ですが、私の命が最も輝く、私の先祖びとも喜ぶ活動であると思っています。この先の生涯をもって、日本中を〝生きがいの笑顔〟で満たせたら、こんなに幸せなことはありません。

何が好きで
何が得意なのか？
本当の自分を知る

「命を何に使うか？」は「社会で自分をどう表現するか？」で決まる。

本書でも述べたように、仕事や社会活動において、世の中の実に多くの人が、自分が何が得意で、何が好きかに気づけないまま、毎日を過ごしています。

もしかしたら、あなたもその一人ではないでしょうか？

「命を何に使うか？」

これは言い換えれば「社会で自分をいかに表現するか？」ということです。

対価を貰う、貰わないに関係なく「世の中の人々の心をどれだけ動かし、影響を与え、幸せにしたか？」が重要です。さらには、活動を通じてあなた自身が「幸福感」を感じることがとても大切です。

ぜひ、好きで得意で”やってみたいこと“に気づき、社外活動、副業、あるいは本業にして人生を完全燃焼し、先祖びとや、両親からつないでもらった命を有効に使い、幸せになっていただけたら幸いです。

「命のリレーの先端でバトンを握りながら、いかに未来をつくっていくか？」

これから、その答えに誰でも出会える簡単なワークをご紹介します。遊び気分でリラックスして楽しめるので、就寝前や移動時間にもおすすめです。

このライフワーク・ディスカバリーワークは、日本経済新聞をはじめとする企業や団体、メディア、私の自社施設などで、ビジネスや活動に関するイメージ写真とキーワードが印刷された「ＬＤ（ライフワーク・ディスカバリー）カード」を使って行っています。簡単なレクリエーション的なワークで会場は笑顔でいっぱいになり、ワイワイと仲間が生まれます。

本書では、１２５個のキーワードが書かれたＬＤカードの要約版をつかって、実際に「生き方を探し」をしていただきたいと思います。

ライフワーク・ディスカバリーワーク（要約版）のやり方

1）まず、ＬＤカードに書かれている「１２５個のキーワード」をすべて見てください（Ｐ２３６〜Ｐ２３８）。

2）次に、ＬＤカードのなかから「憧れ感」「ワクワク感」を感じたキーワードを直感的に選びます（７つ以内）。

3）選んだキーワードのなかから、〝ベストな組み合わせ〟と、組み合わせてやってみたいことを考えてみましょう。

組み合わせ例①

キックボクシング × **ヨガイベントの主催** × **マッサージ・ボディセラピスト**

マッサージ師をしていた男性は、「初心者キックボクシング×ヨガ教室×ボディケア」のイベントを思いつきました。趣味としてキックボクシングを楽しんでいたこともあり、初心者向けのレッスン会を開き、練習の後に、セルフストレッチやペアマッサージを指導し、自らも参加者にマッサージを行いました。さらに激しく筋肉を使った後には、ヨガなどの緩めるスポーツが気持ちいいことに気づき、キックボクシングエクササイズの後のヨガは大好評でした。ある時、ヨガをしている女性のなかにはキックボクシングエクササイズのような激しいスポーツをやりたい人も多いことに気づき、ヨガの先生に集客を頼んだところ、女性の参加者もどんどん増え、スポーツ好きの男女の出会いの場所にもなり、コミュニティは成長の一途を辿っています。

組み合わせ例②

アクセサリー制作 ✕ **オンラインセレクトショップの運営** ✕ **講座・セミナーの主催**

会社員の女性が「結婚後も自宅でできる楽しい仕事」をテーマに選んだのが、「アクセサリー制作」と「オンラインセレクトショップの運営」でした。さらにはアクセサリー制作の技術を活かしたアクセサリー制作講座をスタート。最終的には、アクセサリー制作デビューした生徒による合同展示会イベントの開催なども開始。一人で行うクリエイティブワークを起点に、人と人が出会い、新しい商取引も生まれるコミュニティをつくりあげました。現在、結婚し、子育てしながらも、自宅でできるビジネスとしてもおおいに楽しんでいます。

組み合わせ例③

恋愛カウンセリング × 転職相談・人材紹介 × ワイン交流会の主催

人材紹介会社に勤めていた男性が、ＬＤカードを眺めていて思いついたのが、「転職」と「恋人探し」の悩みのサポート。「転職の悩み」と「恋の悩み」はよく似ています。とくに結婚適齢期の男女においては「仕事選び」と「恋人選び」がもっとも大きな課題です。その悩み解決にワンストップで協力できるのでは？というひらめきと出会いました。そして豊富な恋愛経験をもとに仕事も恋愛もぴったりの相手を紹介するサービスに乗り出したのです。さらには仕事と恋をレベルアップしたい男女が集う交流会の企画も開催するに至りました。

組み合わせ例④

不動産投資 × ネット通販 × 得意分野を活かした講師業

安定的に儲かる副業といわれる「不動産投資」と「ネット通販」を副業にする男性がいました。20室以上の賃貸部屋を入手、さらには輸入通販ビジネスで毎月30万円以上の利益を稼ぎ出していました。2つの成功体験をもとに「講座」を開いたり、「イベント」を行う活動をひらめきました。この男性はもともと先生になりたかったのです。動画講座にして世界を対象にしたり、あるいは連載や出版なども視野に入れた活動に漕ぎだしました。講座はサロン化し、グループセッションにすることで効率的に収益をあげています。

このように、世の中の斬新なビジネスや活動や文化、趣味はすべて「既存のもの同士の組み合わせ」によって生まれます。あなたも、その創始者になってみてください。

心が素直に憧れ感を感じ、興奮を覚えるような「ビジネス・活動・遊び」を思う存分、描くことができるはずです。

複数人で行うときは否定厳禁のルールのもと、皆で「さらに楽しくなる、よくなるアイデア」を交換しあい、褒め合い、応援しあってください。

私が普段行っている講演の際には、それぞれが「本当にやってみたかったこと」に気づいて高揚し、会場は熱気でいっぱいになります。そのまま自分が選んだカードの組み合わせの「写真」を撮り、携帯に保存をして日々眺める人もいるほどです。

このワークはあなたの心と向き合い、新しい生き方を探す手助けとなります。

ぜひ、トライしてみてください。

LDカード

デイトレーダー	オンラインセレクトショップの運営	ケータリングサービス	料理教室の主催
ワイン交流会の開催	フリーマーケッター	アロマセラピスト	心理カウンセラー
恋愛カウンセリング	得意分野を活かした講師業	キャリアカウンセリング	ウェブデザイナー
ゲームクリエイター	合コンセッティングサービス	バーテンダー	記事広告ライター
映像撮影・編集者	講座・セミナーの主催	ペットシッター	ネット通販
カメラマン	ギター教室	花屋（フラワーショップ）	ブログライター
パソコンインストラクター	ダイエットトレーナー	バリスタ	スピリチュアルカウンセラー
ユーチューバー	BBQイベントの主催	バーの運営	取材ライター
ヨガイベントの主催	ダンスインストラクター	DJパーティの主催	著者（紙の商業・印税出版）
座禅会の主催	ゴルフインストラクター	カフェキッチンカーの運営	不動産投資
漫画家	英会話レッスン	音楽合同ライブイベントの主催	エッセイストコラムニスト

詩人	ソムリエ	スタイリスト	DIY 教室
映画監督	和菓子職人	音楽療法士	書道教室
ラジオ パーソナリティー	野菜ソムリエ	アパレルブランド プロデュース	釣り教室
作詞・作曲家	パン職人	カラリスト	農業・畑・栽培
転職相談・ 人材紹介	ラーメン屋	シュー フィッター	アクセサリー 制作
声優	ガーデン デザイナー	着付け師	民宿・ ペンションの運営
タレント・文化人 マネジメント	フラワー コーディネーター	ウエディング プランナー	陶芸教室
筋トレ インストラクター	報道記者	翻訳家	マッサージ・ ボディセラピスト
書籍編集者	絵本作家	通訳	結婚相談所 お見合いサービス
雑誌編集者	ジャーナリスト	調理師	アマゾン 輸入ビジネス
WEB メディア 編集者	書店	板前	舞台俳優

旅行会社	神父・牧師	ジュエリー デザイナー	落語家
サルサ	マジシャン	ボディーガード	レポーター
フラダンス	探偵	政治家	アナウンサー
キックボクシング 空手など立ち技格闘技	占い師	ボートスクール	モデル
	冒険家	建築士	ダイビング インストラクター
	メイクアップ アーティスト	広報・PR	チアリーダー
	漁師	映画館	振付師
	猟師	旅行添乗員	インテリア コーディネーター
	投網漁師	ライフ セーバー	画家
	海の家	僧侶	書道家
	ネイチャリング ナビゲーター	神職	陶芸家

選んだキーワード（7つ以内）

組み合わせて〝やってみたいこと〟

さあ、本当の生き方が見つかりましたか？

今すぐに見つからなくても焦らないでください。休日などに旅でもしながら本書と向き合ってください。そうすれば、いつか必ず本当の生き方が見えてくるはずです。

あなたは今、必死の命のリレーの先端でバトンを握っています。その命をどうか輝かせてください。あなたにしかできない自由な走り方で走り抜いてください。

あなたの命の完全燃焼と〝幸せ〟を心よりお祈りしております。

著者・エッセイスト・作家　潮《しお》凪《なぎ》洋《よう》介《すけ》

ライフワーク・クリエイト協会理事長
株式会社ハートランド代表取締役
著者養成学校・潮凪道場代表
エッセイスト、講演家、イベントプロデューサー

著作69冊、累計部数は168万部（2019年6月現在）。「誰もが“好きで得意な仕事・活動”を社外で楽しむ世の中づくり」を目指して「第3の活動」を啓蒙する活動に力を注いでいる。約100種類の社外のライフワーク（パラレルワーク）カードから「好みのライフワーク」を複数選んで組み合わせ「オリジナルな仕事（活動）」を発想する「最適ライフワーク発見システム（LDメソッド）」を開発。同カードを用いて日本経済新聞社（COMEMO運営事務局）をはじめ、大手企業、団体及びライフワーク・クリエイト協会自主開催で「社外活動発見ワーク」「複業アイデア開発講座」の講演、ワークショップ、コーチングなどを行う。著者・エッセイスト養成・出版プロデュース学校「潮凪道場」を運営し、働きながら著者デビューしたい人たちなどをサポート、新人著者を世に送り出している。2015年には「目黒クリエイターズハウス」を東急目黒線洗足駅徒歩4分に自社ビルとして建設、イベント会場・講習会場として運営している。東京・芝浦で「大人の海辺の社交場プロジェクト」を毎週木曜日に開催。開催回数は240回、参加者7500人を突破（2019年9月現在）、家でも会社でもない「第3の活動」の場として賑わっている。著作はベストセラーとなった『もう「いい人」になるのはやめなさい』（KADOKAWA）をはじめ、『「男の色気」のつくり方』（あさ出版）など多数ある。

メールマガジン … http://www.freedom-college.com/mailmagazine

本書の内容をさらに深く学び、
人生のつくり方を学びたい方・
アドバイザーになりたい方はコチラ
（各種イベント・講座情報）

著者 潮凪洋介から毎朝8時に
「本当の自分と向き合うコラム」が
LINEで送られます
（モーニングレボルーション）

僕らは必死の命のリレーの先端に生きている。

2019年9月2日　第1刷

著者 ──── 潮凪洋介
デザイン ──── 印南貴行、常盤美衣（MARUC）
装画 ──── ふすい
DTP ──── 谷 敦（アーティザンカンパニー）

発行人 ──── 井上 肇
編集 ──── 熊谷由香理
発行所 ──── 株式会社パルコ　エンタテインメント事業部
〒150-0042　東京都渋谷区宇田川町15-1
電話：03-3477-5755
印刷・製本 ──── シナノ書籍印刷株式会社

ISBN978-4-86506-312-7　C0030

写真素材　iStock

Printed in Japan